Helga Kuhn (Hrsg.)

Tipps & Tricks für jeden Haushalt

Helga Kuhn (Hrsg.)

Tipps & Tricks für jeden Haushalt

Herbig

Besuchen Sie uns im Internet unter:
http://www.herbig-verlag.de

Sonderproduktion 2. Auflage 2006

Illustrationen: Felix Weinold

Schutzumschlag: Wolfgang Heinzel
Herstellung und Satz: VerlagsService Dr. Helmut Neuberger
& Karl Schaumann GmbH, Heimstetten
Gesetzt aus der 10,5/12,5 EvoBQ-Light
Druck und Binden: Ueberreuter Buchproduktion, Korneuburg
Printed in Austria
ISBN 3-7766-5003-6

Inhalt

Vorwort

Ein Rotweinfleck auf dem Teppich?
Lippenstiftspuren auf der Bluse?
Sie wollen schnell einen Kuchen bereiten, es fehlt aber das Backpulver?
Der Braten ist angebrannt oder die Suppe versalzen?
Sie haben gerade keinen Haarfestiger zur Hand?
Machen Blattläuse Ihre Pflanzen unansehnlich?
Wie bekommen die Blätter Ihres Gummibaumes wieder neuen Glanz?
Was tun, dass Christbaumkerzen nicht mehr tropfen?
Was tun …? Im Haushalt gibt es tausenderlei Dinge, bei denen guter Rat teuer ist.
Aber guter Rat muss nicht teuer sein. Dieses preiswerte Buch liefert Ihnen viele Tipps und Tricks aus den Bereichen Haushalt, Lebensmittel, Kleider-, Leder- und Schmuckpflege, Kosmetik, Gesundheit, Blumen und Garten. Viele Ratschläge, die Ihnen den Gebrauch von teuren und oft giftigen chemischen Substanzen und Sprays ersparen, stammen von unseren »Krone«-Lesern, viele aus meiner eigenen Erfahrung.
Wir alle wissen, wie sehr wir heute von Umweltproblemen – vom Waldsterben bis zum Ozonloch – bedroht sind. Umso wichtiger ist es, sich wieder mehr den natürlichen und bewährten Hausmitteln aus Großmutters Zeiten zuzuwenden.
Vielleicht werden Sie bei diesem oder jenem Tipp sagen: »Na eh klar«, möglicherweise ist aber auch vieles dabei, was Sie noch nicht wussten.

Viel Spaß bei der Lektüre wünscht Ihnen

Ihre
Helga Kuhn

Haushalt

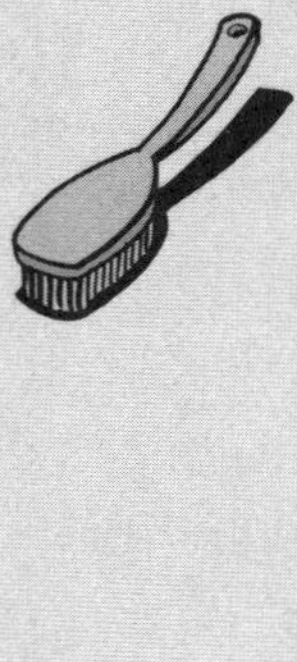

Kaffeefilter vergessen?

Haben Sie vergessen, neue Kaffeefilter zu kaufen, dann tut es im Notfall auch ein Stück von der Küchenrolle.

Essig entkalkt Kaffeemaschine

Keine Angst mehr vor giftigen Reststoffen der chemischen Entkalker. Essigwasser (im Verhältnis 3 Teile Wasser und 1 Teil Essig) in der Kaffeemaschine ersetzt den teuren Entkalker. Hinterher zwei bis dreimal klares Wasser durchlaufen lassen. In der Waschmaschine ist Essig als Entkalker jedoch nicht zu empfehlen, wohl aber als Weichspüler.

Belag im Eierkocher

Der Belag, der sich auf dem Boden teflonbeschichteter Eierkocher mit der Zeit ansetzt, löst sich mit Essigwasser auf. Lassen Sie es mindestens 1 Stunde einwirken, und spülen Sie mit kaltem Wasser nach.

Zitrone in den Geschirrspüler

Um einen unangenehmen Geruch in der Geschirrspülmaschine zu vermeiden, können Sie vor jeder Wäsche die Schalen ausgepresster Zitronen in den Besteckkorb legen.

Saugfähige Putzfetzen

Putzfetzen nehmen die Feuchtigkeit besser auf, wenn Sie diese vor dem ersten Gebrauch in kochendes Wasser legen und darin erkalten lassen.

Griffige Staubtücher

Wenn Sie dem Schwemmwasser von Staubtüchern ein wenig Glyzerin beimengen,

werden sie wesentlich griffiger und nehmen den Staub besser auf.

■ Plastik macht Messer stumpf

Beim Schneiden auf Plastikbrettern werden die Messer stumpf. Holz ist das geeignetere Material, muss aber peinlich sauber gehalten werden.

■ Beide Seiten verwendbar

Auf einem Schneidbrett, auf dem man beide Seiten benutzen kann, sollten Sie eine Seite ausschließlich zum Zwiebelschneiden und Knoblauchhacken verwenden.

■ Verfärbte Holzbretter

Haben sich Holz- bzw. Schneidbretter verfärbt, legt man sie über Nacht in Essigwasser.

■ Krummes Schneidbrett

Holzbretter, die sich durch Hitze verzogen haben, einige Zeit in Wasser tauchen, auf eine glatte Fläche legen und mit einem wassergefüllten großen Topf oder Telefonbüchern beschweren. Dann ziehen sich die Bretter wieder gerade.

■ Verschmutzte Kochlöffel

Kochlöffel aus Holz lassen sich nur schwer reinigen, weil sich Fettspuren in allen Ritzen festsetzen. Wenn Sie sie vor der Benutzung unter kaltes Wasser halten, bleibt Fett nicht so leicht haften und sie nehmen nicht so leicht fremde Gerüche an. Stark verschmutzte Kochlöffel werden wieder sauber, wenn man sie über Nacht in eine Sodalösung legt.

■ »Muffelnder« Kühlschrank

Unangenehme Gerüche im Kühlschrank lassen sich neutralisieren, indem Sie eine mit Backpulver gefüllte Untertasse in den Kühlschrank stellen (nach ca. 2 Wochen erneuern) oder einen halben Apfel hineinlegen. Wichtig ist, dass Sie den Kühlschrank nach dem Reinigen immer mit einem in Essigwasser getränkten Tuch nachwischen.

■ Salz nimmt Brandgeruch

Wenn Ihnen Milch übergelaufen ist, können Sie sie rasch auf der Herdplatte mit Salz stoppen. Außerdem nimmt Salz den unangenehmen Brandgeruch.

■ Weg mit der Eisschicht

Hat der Kühlschrank eine dicke Eisschicht, so stellen Sie in das abgeschaltete Gerät ein Gefäß mit heißem Wasser hinein. Schnell lässt sich das Eis auch mit dem Haartrockner wegfönen. Aber Vorsicht: Der Fön darf nicht mit dem Eis in Berührung kommen!

■ Chrom reinigen

Verschmutzte Chromgegenstände reibt man mit einem in Petroleum getränkten Tuch ab. Sehr gut eignet sich zur Reinigung auch ein Nagellackentferner. Anschließend mit Wasser nachspülen.

■ Messing glänzt wie Gold

Messing wird wieder sauber und glänzt wie Gold, wenn man es mit einem Brei aus Salz und Essig putzt, abspült und trocken nach-

wischt. Auch die Nirosta-Abwasch wird so blitzblank.

■ Schmierseife für Fliesen

Verwenden Sie am besten Schmierseife zum Putzen von naturbelassenen Fliesen wie z. B. unversiegelten Terrakotta-Fliesen. Der Kalkseifenfilm gibt den Platten einen matten Glanz und schützt sie.

■ Saubere Herdplatte

Die Glaskeramikplatte (Ceranfeld) Ihres Herdes bekommen Sie wieder sauber, wenn Sie die verschmutzten Stellen (in kaltem Zustand) mit einer halben ausgepressten Zitrone einreiben. Einige Zeit einwirken lassen, dann mit warmem Wasser abwischen. Auch die Küchenfliesen können Sie auf diese Art reinigen.

■ Vaseline für Kochplatten

Die kalten Edelstahlkochmulden können Sie nach dem Säubern einmal in der Woche mit Vaseline einreiben: Der Schmutz brennt nicht so schnell ein, und die Platte lässt sich nachher leichter reinigen.

■ Salz in schmutziges Backrohr

In verschmutzte Grillgeräte, Backrohre, Pfannen oder Bleche Salz streuen und so lange erhitzen, bis es braun ist. Danach mit Küchenpapier ausreiben und anschließend wie gewohnt abwaschen.

■ Mehlsiebe kalt spülen

Verschmutzte Mehlsiebe dürfen Sie nur mit kaltem Wasser spülen, da warmes Wasser die Löcher verkleben würde.

■ Kukident in Teekanne

Eine in warmem Wasser aufgelöste Kukident-Tablette eignet sich nicht nur für die Reinigung dritter Zähne, sondern auch zum Entfernen von Schmutzrändern und Ablagerungen in Tee- oder Kaffeekannen.

■ Schwamm ins Gemüsefach

Gemüse fault nicht so schnell, wenn Sie in das Gemüsefach Ihres Kühlschranks einen trockenen Schwamm hineingeben oder es mit Küchenkrepp auslegen. Die Feuchtigkeit wird dadurch aufgesaugt.

■ Spinat macht Töpfe blank

Schütten Sie das Kochwasser von Spinat nicht weg, sondern putzen Sie damit Ihre Edelstahltöpfe. Die im Spinat enthaltene Oxalsäure macht sie wieder blitzblank. Auch mit kaltem Essig bekommen Sie hässliche Flecken auf Chrom- und Edelstahltöpfen wieder weg.

■ Eisenpfannen nicht waschen

Damit Eisenpfannen nicht rosten, sollten Sie diese nie auswaschen, sondern mit Salz und Papier ausreiben und danach leicht mit Speiseöl auswischen.

■ Rhabarber reinigt Emailtöpfe

Um Abspringen oder Absplittern an Emailgeschirr zu verhindern, darf man nie in die

noch vom Kochen heißen Töpfe kaltes Wasser gießen. Innen schwarz gewordene Töpfe werden wieder wie neu, wenn man Rhabarber darin kocht.

■ Brot in Faschiermaschine

Fleischrückstände kann man problemlos aus der Faschiermaschine beseitigen, wenn man zum Schluss ein Stück trockenes Brot durchdreht.

■ Backpulver in Thermoskanne

Schütten Sie in eine Thermoskanne, die durch Kaffee oder Tee innen braun geworden ist, warmes Wasser vermischt mit einem Paket Backpulver. Nach einer Einwirkungszeit von 2 Stunden ist die Kanne wieder sauber. Legen Sie niemals eine Thermoskanne zur Reinigung ins Wasser, wenn dieses in den Hohlraum zwischen Glas und Isolierung eindringt, wäre die Kanne dann unbrauchbar. Immer offen aufbewahren!

■ Angefrorene Eiswürfelschalen

Ihre Eiswürfelschalen frieren nicht an, wenn Sie einige Körner Salz auf den Boden des Gefrierfachs streuen oder aber Wachs auf die Unterseite des Eiswürfelbehälters tropfen lassen.

■ Küchengeruch ist weg

Um üblen Küchengeruch zu vertreiben, braucht man keinen Raumspray. Etwas gemahlener Kaffee oder eine Orangenschale auf die heiße Kochplatte gelegt, bindet jeden

Geruch. Es hilft auch, wenn Sie ein paar Tropfen Essig auf der Herdplatte verdampfen lassen oder ein wenig Wasser mit Zimt erwärmen.

■ Kräuteröl in Staubsauger

Damit die Zimmer nach dem Saugen angenehm duften, träufeln Sie ein paar Tropfen Kräuteröl in den Luftfilter oder Saugbeutel des Staubsaugers.

■ Saubere Bürsten

Verschmutzte Spülbürsten werden wieder hygienisch sauber, wenn Sie diese im Besteckkasten der Geschirrspülmaschine mitwaschen.

■ Neue Besen kehren gut

Einen neuen Besen sollten Sie vor dem ersten Gebrauch kurz in kaltes Salzwasser stellen, dann kehrt er besser. Besen immer hängend aufbewahren, damit sich die Borsten nicht umlegen.

■ Frischhaltefolie ins Eis

Es passiert sehr oft, dass Frischhaltefolien zusammenkleben. Um das zu vermeiden, können Sie die Folie einige Minuten ins Tiefkühlfach legen.

■ Alufolie nicht auf Metall

Servierplatten aus Metall (Silber, Messing usw.) sollten Sie nicht mit Alufolie abdecken, dabei entstehen nämlich chemische Verbindungen, die die Speisen auf der Platte metallisch schmecken lassen.

Ungeziefer im Schrank

Um Schädlingen den Garaus zu machen, streuen Sie alle paar Monate frische Lorbeerblätter in die gereinigten Schrank- und Regalböden. Küchenschaben vertreibt man mit Gurkenschalen, die man in die Ritzen legt.

Essig gegen Mücken

Mücken und Fliegen kann man aus der Küche vertreiben, indem man von Zeit zu Zeit ein paar Tropfen Essig auf der Herdplatte verdampfen lässt.

*

■ Kristall nur kalt spülen

Da Gläser aus Kristall durch Wärme ihren Glanz verlieren und trüb werden, sollte man sie nur mit kaltem Wasser waschen.

■ Trübes Glas wieder klar

Glas wird kristallklar, wenn man es mit Zitronenscheiben reinigt. Sehr trübe Gläser sollte man längere Zeit mit einer Lösung aus Holzasche und Salmiak gefüllt stehen lassen, dann werden auch sie wieder schön.

■ Nur Wasser für Bierglas

Biergläser sollten Sie nie mit Spülmittel waschen, sonst bildet sich später kein Bierschaum. Verwenden Sie immer nur klares, warmes Wasser.

■ Reines Zahnputzglas

Mit etwas Essig im Spülwasser bekommt man den Belag an Zahnputzgläsern wieder weg.

■ Gläser leicht gelöst

Lassen sich ineinander gestellte Gläser nicht lösen, dann müssen Sie nur das untere in warmes Wasser stellen und in das obere kaltes Wasser gießen.

■ So springt Glas nicht

Damit Glasschüsseln oder Gläser nicht springen, wenn man heiße Speisen oder Getränke einfüllt, sollten sie vorher auf ein feuchtes Tuch gestellt werden.

■ Undichte Blumenvase

Einen Sprung in der Vase können Sie von innen mit flüssigem Wachs ausgießen und schon ist sie wieder wasserdicht. Kleinere Risse bestreicht man mit Nagellack.

■ Eierschale in Flasche

Füllen Sie enghalsige Vasen oder Flaschen mit zerstoßenen Eierschalen oder einem Löffel Reiskörner, und gießen Sie etwas heißes Essigwasser dazu. Schütteln Sie dann so lange, bis der Belag oder Schmutz weg ist.

■ Brandflecken auf Porzellan

Brandflecken von ausgedrückten Zigaretten auf Porzellanaschenbechern lassen sich mühelos mit einem nassen Korken, der in Salz getaucht wird, abreiben.

■ Handbemaltes Porzellan

Handbemaltes oder gemustertes Porzellan dürfen Sie nur mit einem weichen Tuch abwaschen. Verwenden Sie niemals raue Schwämme.

■ Porzellan schonen

Schonen Sie schönes Porzellanservice, indem Sie beim Übereinanderschichten jeweils ein Stück Küchenrolle oder eine Serviette zwischen die einzelnen Teller und Schüsseln legen.

■ Holzbesteck einölen

Besteck mit Holzgriffen wird durch vieles Waschen bald unansehnlich. Reiben Sie es daher gelegentlich mit Speiseöl ein.

■ Besteck sortieren

Sortieren Sie beim Einfüllen des Besteckkorbs im Geschirrspüler das Besteck nach

Gabeln, Messer und Löffel. Sie tun sich dann viel leichter beim Ausräumen.

■ Besteck mit Keramikgriff

Besteck mit Keramikgriffen dürfen Sie in der Geschirrspülmaschine nicht zu eng stellen! Erkundigen Sie sich, ob es auch wirklich spülmaschinenfest ist, sonst kann es passieren, dass sich die Griffe lösen.

■ Griffe nach unten

Besteck sollten Sie immer mit dem Griff nach unten in die Geschirrspülmaschine geben. Klingen und Gabelzinken werden so besser gereinigt.

■ Silber mit Hand waschen

In der Geschirrspülmaschine bekommt Silberbesteck oft einen Belag und wird außerdem zerkratzt. Waschen Sie es besser mit der Hand ab, die Mühe lohnt sich.

■ Giftiger Grünspan

Silberbesteck sollten Sie nie in sauren Speisen liegen lassen, da sich nach kurzer Zeit aus dem darin enthaltenen Kupfer giftiger Grünspan bilden kann. Achten Sie deshalb darauf, dass Ihr Silber nicht in Berührung mit Obstsalat, Oliven, Salatsoße, Salz oder Essig kommt.

■ Ei macht schwarz

Silberbesteck dürfen Sie auch nicht mit rohen oder weich gekochten Eiern in Berührung bringen. Die darin enthaltenen Schwefelverbindungen färben das Silber schwarz.

Silber in saure Milch

Ihr Silber wird wieder schön, wenn Sie es ca. eine halbe Stunde in saurer Milch ziehen lassen. Danach mit warmem Wasser spülen und gut trockenpolieren.

Fleckige Messer

Haben Ihre Messerklingen hartnäckige Flecken, die beim Waschen nicht weggehen? Dann streuen Sie etwas Salz auf die Schneide und reiben sie mit einem befeuchteten Korken ab.

*

Saughaken auf Fliesen

Damit Saughaken auf Fliesen oder Holz besser halten, kann man sie mit Eiklar oder Bier bestreichen.

Verkalkter Wasserhahn

Hat sich um den Wasserhahn eine Kalkkruste gebildet, wickeln Sie einen in Essig getränkten Wattebausch oder Fetzen darum. Ein bis zwei Stunden einwirken lassen.

Glänzende Armaturen

Wenn Sie Armaturen und Wasserhähne mit einem mit etwas Spiritus oder Essig befeuchteten Tuch abreiben und dann trockenpolieren, glänzen diese wieder.

Milde Pflege für farbige Armaturen

Zum Saubermachen von farbigen Armaturen nur milde Waschmittel verwenden. Keinesfalls Essig oder Spiritus, die lassen die Oberfläche mit der Zeit stumpf werden.

Goldene Armaturen

Vergoldete Armaturen verkratzen leicht. Reinigen Sie sie daher nur mit warmem Seifenwasser und einem weichen Tuch.

Leuchtende Kacheln

Mit Essig bekommen Sie auch hartnäckige Flecken auf Kacheln weg. Nicht nur glänzend, sondern auch wasser- und kalkabweisend werden die Kacheln, wenn Sie diese nach dem Reinigen mit Polierwachs einreiben und einige Minuten einwirken lassen. Bevor dieses ganz trocken ist, mit einem weichen Tuch darüber polieren. Matte Fliesen bringen Sie mit einer Salmiaklösung wieder zum Leuchten.

■ Verfärbte Fugen

Grauschwarz verfärbte Fugen zwischen den Kacheln bekommen Sie mit etwas verdünntem Salmiakgeist wieder sauber. Auch Backpulver auf ein feuchtes Tuch oder eine alte Zahnbürste getupft, macht die Fugen schön weiß.

■ Duschtüren reinigen

Die Glastüren von Duschen werden oft milchig. Man bekommt sie aber schnell wieder klar, indem man sie mit einem in Essig getränkten Tuch abwäscht.

■ Badewanne abgesplittert

Wenn der Schmelzüberzug Ihrer Badewanne abgesplittert ist, können Sie die beschädigte Stelle mit etwas Flüssigemail bestreichen.

■ Zuerst kalt, dann heiß

Um eventuelle Sprünge in der Badewanne zu vermeiden, sollten Sie bei einem Vollbad immer zuerst das kalte Wasser aufdrehen, dann erst das heiße; so entsteht auch kein Dampf.

■ Vergilbte Wanne

Eine vergilbte Badewanne bekommt man wieder schön hell, wenn man sie mit einer Lösung aus Salz und Terpentin behandelt.

■ Kein lautes Rauschen

Wenn Sie nachts noch ein angenehmes Bad nehmen wollen und Rücksicht auf Ihre

Nachbarn nehmen müssen, ziehen Sie einfach einen alten Nylonstrumpf (der bis ins Wasser hängen muss) über den Wasserhahn. Ein leises Plätschern ist auch nur zu hören, wenn Sie das Wasser durch den Brausekopf laufen lassen und diesen in die Wanne legen.

■ Beschlagener Spiegel

Ist der Badezimmerspiegel völlig beschlagen, müssen Sie ihn nur kurz mit dem Haartrockner erwärmen.

■ Haarefärben in der Wanne

Um hässliche Flecken von Haarfärbemitteln zu vermeiden, reiben Sie vorher die Badewanne oder das Waschbecken mit einem flüssigen Geschirrspülmittel ein.

■ Anti-Rutsch-Matte

Ihre Anti-Rutsch-Matte sollten Sie nie über längere Zeit in der Wanne liegen lassen, die sich festsaugenden Noppen könnten unschöne Spuren hinterlassen.

■ Verkalkter Brausekopf

Bei hartem Wasser setzt sich in Brauseköpfen leicht Kalk an. Nehmen Sie den Brausekopf auseinander, und reinigen Sie ihn mit einer alten Zahn- oder Nagelbürste. Löcher mit einer Nadel ausbohren. Plastikteile können Sie entweder in warmem Essigwasser einweichen oder mit einer halben Zitrone abreiben.

Borax gegen Abflussgeruch

Dem unangenehmen Geruch von Abflüssen in den Sanitärräumen kann abgeholfen werden, indem man die Abflüsse mit Wasser durchspült, das mit einem Esslöffel Borax versetzt ist.

Abfluss verstopft?

Abfluss- und Rohrreiniger bestehen zum Großteil aus stark alkalischen Substanzen wie Ätznatron sowie aus Nitraten und Leichtmetallspänen. Sie alle belasten die Abwässer ganz erheblich und können bisweilen sogar die Rohre undicht machen. Eine Saugglocke hilft in vielen Fällen. Beugen Sie aber besser der Verstopfung vor, indem Sie ein Sieb in den Abfluss legen, das Haare, Spangen usw. auffängt.

Marmor sehr empfindilch

Reiben Sie Marmor von Zeit zu Zeit mit einem Spezialwachs ein, und reinigen Sie ihn dann nur mit einem mit milder Reinigungslauge angefeuchteten Tuch. Wegen seiner porösen Beschaffenheit kann Öl, Fett und Säure leicht in den Marmor eindringen und Flecken hinterlassen. Stellen Sie daher auch niemals Gläser oder Tassen ohne Untersatz auf den Marmor. Hartnäckige Flecken können Sie mit Zitronensaft behandeln, aber Vorsicht: Säure nie länger als ein bis zwei Minuten einwirken lassen. Mit klarem Wasser nachwischen und trocknen.

Seifenreste

Drücken Sie die zu klein gewordene Seife auf ein neues, angefeuchtetes Seifenstück. So wird alles restlos verbraucht.

Abfalleimer

Benutzen Sie im Bad keinen Abfalleimer aus Metall. Er würde durch die Feuchtigkeit rasch rosten.

Rasierschaum reinigt Kämme

Sprühen Sie Kämme und Bürsten zum Reinigen mit Rasierschaum ein. Lassen Sie den Schaum ein paar Minuten einwirken, dann mit klarem Wasser abspülen.

Naturschwamm wieder weich

Harte und unangenehm riechende Naturschwämme sollten Sie über Nacht in Salzwasser legen. Danach mehrmals ausspülen! Sie werden wieder weich und wie neu.

Weg mit den Silberfischchen

Silberfischchen sind Urinsekten und kommen vorwiegend in Feuchträumen vor. Sie leben von pflanzlichen Abfällen und können Stoffe und Bücher zerstören. Ein wirksames Mittel gegen sie ist eine Mischung aus Borax und Zucker. Bestreuen Sie damit die gefährdeten Ecken.

Zündholz gegen WC-Gerüche

WC-Beckensteine, die unter dem Muschelrand angebracht werden, enthalten Tenside und desinfizierende Wirkstoffe, die die Flüsse belasten. Sie übertönen üble Gerüche nur, den Bakterien in der Klomuschel können sie nicht den Garaus machen. Versuchen Sie es mit diesem Trick: Das Abbrennen eines Streichholzes vertreibt WC-Geruch.

■ Kalk im Klosett

Geben Sie eine Lösung aus Wasser und Essigsäure im Verhältnis 10 : 1 in die Toilettenschüssel und lassen diese über Nacht einwirken. Danach kann man die Kalkablagerungen leicht entfernen.

■ Giftige WC-Reiniger

Die meisten WC-Reiniger sind giftig. Kaufen Sie nur Fabrikate mit kindersicheren Verschlüssen, und bewahren Sie die Mittel für Kinder unzugänglich auf.

■ Zigarettenstummel nicht ins Klo!

Zigarettenstummel keinesfalls in die Toilette werfen. Denn sie verrotten schwer, treiben vermutlich bis ins Schwarze Meer und belasten, sofern vorhanden, die Kläranlagen. Zigarettenreste gehören also im Ofen verbrannt oder in den Hausmüll.

*

■ Möbel sparsam pflegen

Verwenden Sie Möbelpflegemittel nur sparsam. Sie tun Ihren Möbeln nichts Gutes, wenn Sie sie zu viel pflegen. Ein Tipp, wie Sie selbst eine Politur herstellen können: $^{1}/_{3}$ Terpentin, $^{1}/_{3}$ Leinölfirnis und $^{1}/_{3}$ Essig. Dieses Poliermittel wird gut geschüttelt auf die Möbel aufgetragen und mit einem weichen Tuch nachgewischt.

■ Bier für Mahagoni

Ein altbewährtes und billiges Pflegemittel für Eichen- und Mahagonimöbel ist warmes Bier. Das gibt ihnen auch einen schönen Glanz.

■ Kratzer an den Möbeln

Bestreichen Sie Kratzer an den Möbeln mit Vaseline und lassen Sie diese 24 Stunden einwirken, dann nachpolieren. Bei dunklem Holz können Sie braune oder schwarze Schuhcreme verwenden.

■ Klebstoff auf Holz

Ausgeronnenen Klebstoff sollte man, noch ehe er trocknet, vom Holztisch entfernen. Den Fleck mit etwas Hautcreme, weicher Butter oder Salatöl einreiben.

■ Helle Flecken auf Möbeln

Haben Sie helle Wasserflecken auf dem Holztisch, hilft diese Wunderpaste: Einen Korken in etwas Pflanzenöl und Zigarettenasche tunken und damit über den Fleck reiben. Anschließend nachwachsen. Die Behandlung mit Petroleum ist ebenfalls wirksam.

Vaseline für Ledermöbel

Dunkles Leder sollte man ein- bis zweimal im Jahr mit Rizinusöl einlassen. Für helles Leder kann man weiße Vaseline oder auch etwas farblose Schuhcreme verwenden.

Leder braucht Luftfeuchte

Ledermöbel bleiben weich und geschmeidig, wenn Sie dafür sorgen, dass die Räume, in denen sie stehen, genug Luftfeuchtigkeit haben.

Salzwasser härtet Korbmöbel

Um Korbmöbel aus unbehandeltem Rohr und Bambus zu härten und zu bleichen, reinigt man sie am besten mit warmem Salzwasser. Dann trockenreiben – oder viel besser im Freien an der Sonne trocknen lassen – und mit Zitronenöl einreiben. Lackierte Korbmöbel nur feucht abwischen.

Druckstellen auf dem Sofa

Druckstellen an Ihren Polstermöbeln sollten Sie mit heißem Wasser befeuchten und dann mit einer ganz sauberen und trockenen Bürste aufbürsten.

Polstermöbel absaugen

Saugen Sie Polstermöbel immer gegen den Strich, und verwenden Sie nur eine normale Saugdüse, keine Saugbürste, da die Borsten zu leicht Fäden ziehen könnten. Prüfen Sie vor dem Saugen, ob sich Knöpfe, Ohrclips usw. in die Ritzen verirrt haben. So verhindern Sie nicht nur, dass der Staubsauger verstopft, sondern auch, dass etwas Wertvolles verschwindet.

Lineal für Lamellen

Die Zwischenräume von Lamellentüren (oder -fenstern) lassen sich mit Hilfe eines mit einem Tuch umwickelten Lineals leicht reinigen.

Ohrenstäbchen für die Ecken

Mit einem Ohrenstäbchen oder Pinsel lassen sich schlecht zugängliche Ecken und Rillen an Möbeln und Geräten säubern.

Kerzenwachs auf dem Holz

Wachsflecken auf furniertem Holz sollten Sie dick mit Talkumpuder bestreuen und ein paar Papierservietten darauf legen. Dann mit dem warmen Bügeleisen darüber bügeln. Die Servietten saugen das Wachs auf.

Goldene Rahmen

Vergoldete Bilderrahmen bringt man wieder zum Glänzen, wenn man sie mit der Schnittfläche einer rohen Kartoffel abreibt. Niemals Wasser verwenden. Goldene und silberne Rahmen reinigt man mit Zahnpasta, da die darin enthaltene Schlämmkreide dem Metall neuen Glanz verleiht.

Gelb gewordene Klaviertasten

Gelb gewordene Klaviertasten bekommt man mit Zahnpasta oder verdünntem Spiritus wieder weiß. Verwenden Sie kein Wasser zum Reinigen, das macht sie mit der Zeit gelb.

*

Haare auf Teppich

Hunde- und Katzenhaare auf dem Teppich oder auf Polstermöbeln lassen sich am besten mit einem feuchten Schwamm entfernen. Die Haare bleiben daran hängen.

Salz frisst Schmutz

Um Straßenschmutz vom Teppich zu entfernen, streut man Salz darauf. Nach 15 Minuten hat es den Schmutz aufgenommen und kann einfach abgesaugt werden.

Teppich in den Schnee

Um ihm wieder strahlende Farben zu geben, legt man im Winter den Teppich mit der Oberseite in den Schnee und klopft ihn gründlich aus. Der Schnee darf allerdings nicht zu nass sein, da sonst vom Teppich zuviel Feuchtigkeit aufgesaugt werden würde.

Sauerkraut reinigt Teppich

Teppiche oder Teppichböden kann man mit rohem, gut abgetropftem Sauerkraut reinigen: Auf den Teppich streuen und ihn kräftig damit abreiben, das Gröbste dann mit dem Besen entfernen, die Sauerkrautreste mit dem Staubsauger entfernen. Diese Behandlung frischt auch die Farben wieder auf.

Leuchtende Farben

Matt gewordene Teppichfarben leuchten wieder, wenn Sie den gereinigten Teppich mit Essigwasser abreiben.

Adrette Fransen

Wenn Sie Ihre Teppichfransen mit Stärke einsprühen, verrutschen sie nicht mehr so leicht. Die Teppichkante sollten Sie vorher unbedingt mit Papier abdecken.

■ Kokosläufer waschen

Den Kokosläufer reinigt man am besten in der Badewanne unter fließendem Wasser und hängt ihn zum Trocknen auf. Er muss völlig trocken sein, damit die Kokosfasern nicht verrotten.

■ Druckstellen auf Teppich

Druckstellen von Möbeln auf dem Teppichboden bekommt man weg, indem man ein feuchtes Tuch auf die eingedrückten Stellen legt und mit dem Bügeleisen ganz leicht darüber gleitet. Danach das Tuch entfernen und die Teppichfasern gegen den Strich aufbürsten.

■ Hartnäckige Flecken

Haben Sie hartnäckige, unbekannte Flecken auf Ihrem Teppich? Dann probieren Sie es einmal mit einem Glasreiniger. Einfach auf den Fleck spritzen und mit einem sauberen Tuch darüber reiben. Selbst Schuhcremeflecken verschwinden oft auf diese Art.

■ Kaugummi auf dem Teppich

Klebt Kaugummi auf dem Teppich, lassen Sie ihn mit Hilfe von Eiswürfeln hart werden, dann, so gut es geht, abkratzen. Rest mit Terpentinersatz oder Spiritus wegreiben.

■ Tee für Holzboden

Einen versiegelten Holzfußboden pflegen Sie am besten mit kaltem russischen Tee.

Knarrender Boden

Wenn der Fußboden knarrt, kann man etwas Talkumpulver in die Fugen streuen.

Schöner Holzboden

Wenn Sie Ihren lackierten Holzfußboden ein- bis zweimal im Monat mit halbgetrocknetem Kaffeesatz abreiben, wird er besonders schön. Anschließend absaugen.

Fettflecken auf Holz

Fettflecken auf gebeizten Holzfußböden lassen sich mit Terpentin entfernen. Kurz einwirken lassen und anschließend abwaschen. Wenn nötig, muss man die Stelle mit Holzbeize nachfärben.

Spuren wegradieren

Sind auf Ihrem Holzfußboden schwarze Spuren von Schuhabsätzen, bekommen Sie diese mit etwas Terpentin oder einem Radiergummi weg.

*

Sprödes Glas bei Kälte

Sie sollten Ihre Fenster nicht an sehr kalten Tagen putzen, da das Glas dann besonders spröde ist.

Sonne ungünstig

Strahlende Sonne ist ebenfalls schlecht beim Fensterputzen, weil sie das Wasser zu schnell trocknen lässt, so dass die Scheiben streifig werden. Heben Sie sich diese Arbeit für bewölkte Tage auf.

Essig statt Glasreiniger

Wirksam und sparsam können Sie Ihre Fenster reinigen, wenn Sie statt eines teuren Glasreinigers einfach Wasser mit etwas Essig oder Brennspiritus darin und statt eines Tuchs zum Trockenwischen Zeitungspapier verwenden.

Glyzerin ins Putzwasser

Wenn Sie ein paar Tropfen Glycerin ins Putzwasser geben, nehmen Fensterscheiben nicht so leicht Staub und Schmutz an, außerdem hinterlassen Regentropfen keine Spuren. Ein Spritzer Brennspiritus oder Salmiakgeist ins Waschwasser verhindert das Zufrieren der Scheiben.

Fensterleder wieder weich

Um Fensterleder weich und geschmeidig zu erhalten, sollte man sie nach Gebrauch in lauwarmem Salzwasser auswaschen.

Gurte von Jalousien

Wenn Sie einmal im Monat Ihre Gurte von den Rollläden oder Jalousien mit einer Kerze einreiben, werden diese nicht so schnell brüchig und halten länger.

Bemaltes Buntglas

Waschen Sie altes, bemaltes Buntglas niemals mit herkömmlichen Fensterreinigern. Die Farbe sitzt oft nur sehr lose und geht leicht ab. Stauben Sie es besser nur mit einem Tuch ab.

Holzfenster

Holzfenster, die gelegentlich mit Bohnerwachs eingelassen und poliert werden, verstauben nicht so leicht.

Blinde Scheiben

Blind gewordene Fenster- oder Türscheiben werden wieder durchsichtig, wenn Sie diese mit Öl (am besten Leinöl) bestreichen und es ca. nach 1 Stunde mit weichem Papier wieder entfernen. Danach die Scheiben wie gewohnt putzen.

Nylonstrumpf zum Polieren

Kaputte Nylonstrumpfhosen kann man gut zum Nachpolieren von Fensterscheiben gebrauchen. Die Struktur dieses Materials bringt alle Schlieren und Streifen weg.

Farbe auf Scheibe

Farbstreifen auf dem Glas, die beim Anstreichen der Fensterrahmen entstanden sind, kann man gut mit Salmiak auflösen.

Klebebandspuren

Die Spuren von Klebebändern auf Fensterscheiben lassen sich am besten mit einem Nagellackentferner beseitigen.

Lebensmittel

Milch geht nicht über

Das Überkochen von Milch kann man verhindern, indem man den Innenrand des Topfes mit Butter einstreicht.

Milch brennt nicht an

Die Milch brennt nicht an, wenn Sie den Topf mit kaltem Wasser ausspülen, ehe Sie die Milch darin kochen.

Kondensmilch statt Obers *(Sahne)*

Wenn Sie einmal kein frisches Schlagobers *(Sahne)* zu Hause haben, lässt sich ebensogut zehnprozentige Kondensmilch schlagen.

Milch abschrecken

Heiße Milch kann man mit einem Eiswürfel abschrecken, dann bildet sich keine Haut.

Steifes Schlagobers *(Sahne)*

Schlagobers *(Sahne)* wird sehr steif, wenn Sie während des Schlagens eine Prise Staubzucker dazugeben.

Haltbares Schlagobers

Schlagobers hält länger, wenn es mit Gelierzucker geschlagen wird.

So bleibt Butter frisch

Butter kann man auch ohne Kühlschrank lange frisch halten. Lassen Sie gekochtes Salzwasser abkühlen und übergießen Sie die Butter damit. Diese muss aber vom Salzwasser ganz bedeckt sein.

Schaumige Butter

Butter lässt sich – z. B. für Mehlspeisen – leichter schaumig rühren, wenn man ganz wenig Mehl zufügt.

■ Streichfähige Butter

Stülpen Sie eine mit kochendem Wasser ausgespülte Schüssel über die kühlschrankharte Butter. Die Butter wird streichfähig, schmilzt aber nicht.

■ Butter aus dem Papier

Um Butter leichter aus dem Papier zu lösen, lässt man kaltes Wasser darüber laufen. Außerdem bleibt keine Butter am Papier kleben.

■ Öl in die Butter

Wollen Sie verhindern, dass Butter in der Bratpfanne zu braun wird, dann geben Sie einen Schuss Speiseöl dazu.

■ Milch zum Topfen *(Quark)*

Topfen lässt sich viel leichter verrühren, wenn man etwas warme Milch oder Obers darübergießt.

■ Zucker zum Käse

Ein Stückchen Zucker unter der Käseglocke saugt die Feuchtigkeit auf und verhindert dadurch schnelles Schimmeln von Käse. Ebensolche Wirkung hat ein Schälchen mit grobem Salz.

■ Gebackener Emmentaler

Gebackener Emmentaler läuft nicht aus, wenn man ihn vor dem Panieren kurz ins Tiefkühlfach legt.

■ Alter Käse in Milch

Alten und hart gewordenen Käse sollten Sie einige Zeit in frische Milch legen, dann wird er wieder weich und schmackhaft.

20 Tage frisch

Beim Einkauf von Eiern sollte man auf das Verpackungsdatum achten. Von dem angegebenen Tag an bleiben Eier, kühl gelagert, etwa 20 Tage frisch.

Eier aufbewahren

Das Ei sollte man im Kühlschrank mit der stumpfen (!) Seite nach oben lagern. Dadurch kann sich die Luftkammer besser ausdehnen und das Ei platzt beim Kochen nicht so leicht. Außerdem bleibt der Dotter in der Mitte.

Eier schneiden

Tauchen Sie das Messer in kaltes Wasser und es bleibt kein Dotter beim Durchschneiden kleben.

Zum Kochen keine kalten Eier

Eier sollten Sie vor dem Gebrauch einige Stunden aus dem Kühlschrank nehmen, sie platzen dann nicht so leicht beim Kochen. Außerdem lässt sich das Eiklar leichter schlagen.

Eiklar zu versalzener Suppe

Versalzene Suppe kann doch noch genießbar werden, indem man ein oder zwei rohe Eiklar hineinrührt. Das geronnene Eiweiß nimmt einen Großteil des Salzes auf. Später kann man die Suppe durch ein Sieb gießen und so das Eiweiß wieder entfernen. Eine trübe Rindsuppe kann man ebenso behandeln.

■ Schneller Schnee

Eiklar lässt sich schneller zu Schnee schlagen, wenn man eine Prise Salz oder Feinkristallzucker dazugibt. Schneebesen oder Mixer und Schüssel müssen vollkommen sauber, trocken und fettfrei sein.

■ Die Farbe des Dotters

Lassen Sie sich nicht von der Farbe des Dotters irritieren. Ob er gelblichweiß, gelb oder bräunlich ist, lässt nicht auf die Qualität der Eier schließen, sondern hängt von der Art des Futters ab, das die Hühner bekommen haben.

■ Eier in Essig

Eier platzen nicht, wenn man ins Kochwasser etwas Essig gibt oder sie an der stumpfen Seite mit einer Nadel ansticht.

■ Eier leicht geschält

Gekochte Eier lassen sich sehr leicht abschälen, wenn man sie in Salzwasser kocht und sofort mit kaltem Wasser abschreckt.

■ Gekocht oder roh?

Ein hartes und ein rohes Ei ist leicht auseinanderzukennen: Das Gekochte kann man wie einen Kreisel drehen, das Rohe dreht sich langsam, ungleichmäßig und stoppt sehr rasch.

■ Verfärbung des Dotters

Wenn man Eier zu lange kocht, verfärbt sich oft der Dotter. Diese Verfärbung ist weder gesundheitsschädlich noch ein Zeichen für nicht mehr ganz frische Eier.

Ist das rohe Ei frisch?

Beim Aufschlagen lässt sich leicht erkennen, ob ein Ei frisch ist: Das Eiweiß umschließt hochgewölbt den Dotter. Ist das Ei schon alt, fließt das Eiweiß dünn und breit auseinander.

Ist das gekochte Ei frisch?

Bei einem gekochten frischen Ei liegt der Dotter mitten im Eiweiß, und die Luftkammern im Eiweiß sind nur klein. Bei einem gekochten alten Ei liegt der Dotter an der Eischale, und die Luftkammern sind größer.

Frischetest für Eier

Ein frisches Ei sinkt in Salzwasser sofort zu Boden; ein altes oder verdorbenes Ei schwimmt, weil die Luftkammer größer ist und das Ei dadurch leicht wird. Wenn man das Ei schüttelt, kann man auch am Geräusch erkennen, ob das Ei frisch ist: Alte Eier »blubbern« in der Schale.

Gesprungene Eier kochen

Gesprungene Eier kann man noch gut kochen, wenn man sie, bevor sie ins kochende Wasser kommen, in Alufolie einwickelt. Man kann auch das Ei in ein Sieb legen und hält es eine Minute über Dampf. Dadurch erstarrt das Eiweiß und kann nicht mehr auslaufen.

Öl auf Eigelb

Rohes Eigelb, für das Sie nicht sofort Verwendung haben, hält sich, mit Öl oder Wasser bedeckt, im Kühlschrank länger frisch.

Für Panier Öl ins Ei

Geben Sie zu den versprudelten, leicht gesalzenen Eiern ein paar Tropfen Öl, dann wird die Panier resch und locker. Verdünnen Sie die Eier auf keinen Fall mit Wasser oder Milch!

*

Brot nicht in Plastik

Brot sollte nicht im Plastiksackerl, sondern am besten in einem Leinen-Brotsack aufbewahrt oder in ein sauberes Geschirrtuch eingewickelt werden. So wird es nicht so rasch schimmlig.

Schimmel in Brotdose

Damit sich im Brotbehälter (oder auch im Mistkübel) kein Schimmel bildet, waschen Sie diesen am besten alle ein bis zwei Wochen mit Essigwasser aus. Durch den Essig werden Bakterien abgetötet.

Apfel zum Brot

Brot bleibt im Brotkasten aus Metall und Holz länger frisch, wenn man ein Stück Apfel oder geschälte Kartoffelscheiben zur Erhöhung der Luftfeuchtigkeit hineinlegt.

Brot im Römertopf

Herrlich weich bleibt Brot, wenn Sie es in einem Stein- oder Tontopf aufbewahren, über den Sie ein feuchtes Tuch legen. Der Römertopf ist zur Aufbewahrung von Brotschnitten ideal.

Knusprige Semmeln

Frische Semmeln oder Brötchen lassen sich hervorragend einfrieren. Zum Aufbacken bestreicht man sie mit etwas Wasser (oder einer Mischung aus Wasser und Milch) und gibt sie dann in das vorgeheizte Backrohr. Auch Semmeln vom Vortag werden auf diese Weise wieder knusprig.

Toast in den Kühlschrank

Damit Toastbrot nicht so schnell schimmelt, legen Sie die Packung, egal ob unberührt oder angebrochen, immer in den Kühlschrank.

Graubrot nicht zum Schwarzbrot

Graubrot und Schwarzbrot schimmelt viel schneller, wenn es zusammen in einem Sack oder einer Brotdose aufbewahrt wird. Bewahren Sie es daher immer getrennt auf.

Weg mit schimmligem Brot

Essen Sie nie verschimmelte Stellen am Brot, und verfüttern Sie es auch nicht an Tiere! Da der Schimmel sehr schnell das ganze Brot durchzieht, sollten Sie es Ihrer Gesundheit zuliebe wegwerfen.

Frisches Brot

Wenn Sie die Schnittfläche des Brotes mit angefeuchtetem Pergamentpapier bedecken, bleibt sie lange frisch und weich.

Alufolie in Brotkorb

Aufgebähte *(aufgebackene)* Semmeln oder Toast halten sich länger warm und knusprig, wenn Sie ein Stück Alufolie unter das Deckerl im Brotkorb legen.

Knäckebrot bricht

Damit Knäckebrot beim Bestreichen nicht bricht, sollten Sie ein Zweites darunter legen.

*

Fett auf Suppen

Fett auf Suppen oder Soßen kann man mit einem Küchenkrepppapier aufsaugen. Wenn Sie genug Zeit haben, stellen Sie die ausgekühlte Suppe in den Kühlschrank, danach können Sie mühelos das erkaltete Fett von der Oberfläche abschöpfen.

Kartoffelmehl bindet

Soßen und Suppen, die man mit Kartoffelmehl gebunden hat, sollten nur kurz aufkochen, längeres Kochen macht sie wieder dünnflüssig.

Suppe ohne Haut

Es bildet sich keine Haut auf der Suppe, wenn man Butterflöckchen darauf gibt.

Eierschale klärt

Um eine klare Rindsuppe zu bekommen, sollten Sie immer eine saubere Eierschale mitkochen. Nur köcheln lassen!

Knochen in Rindsuppe

Geschmack und Farbe werden bei einer Rindsuppe durch die Knochen erst so richtig kräftig. Rösten Sie die grob zerhackten Knochen (lassen Sie sie vom Fleischhauer zerkleinern!) etwas an, und kochen Sie sie dann erst mit dem Wurzelwerk im Wasser.

Fade Rindsuppe

Wenn die Rindsuppe einmal geschmacklich zu wenig intensiv geraten ist und viel zu fad schmeckt, kocht man grob faschiertes Fleisch darin aus.

Zwiebel gibt Farbe

Wenn Sie eine ungeschälte halbe Zwiebel auf der Schnittstelle goldbraun anrösten und in die Rindsuppe geben, wird sie besonders köstlich und bekommt eine schöne Farbe. Auch trockener Käse erfüllt diesen Zweck.

Rindsuppe nicht zudecken

Für eine Rindsuppe wird das Fleisch in kaltem Wasser zugestellt, und je länger die Rindsuppe sanft vor sich hinköchelt, desto kräftiger wird sie. Wichtig ist, dass Sie die Rindsuppe immer ohne Deckel kochen!

Suppenwürfel zum Schluss

Suppenwürfel sollten Sie erst zum Schluss in Suppen und Soßen geben. Kochen Sie sie von Anfang an mit, dann geht der Geschmack verloren.

Keine Bröckerln *(Klümpchen)*

Wenn Sie Suppen oder Soßen mit Mehl verdicken wollen, rühren Sie vorher das Mehl mit etwas Wasser oder Milch und Salz an, so verhindert man Bröckerln.

Suppe versalzen

Ist die Suppe versalzen, legen Sie zwei geviertelte rohe Erdäpfel hinein und lassen sie mitkochen. Zum Schluss wieder herausnehmen. Sie haben einen Großteil des Salzes aufgesogen.

Zähes Fleisch

Ein Schuss Essig ins Kochwasser macht das zäheste Suppenfleisch weicher.

So gelingt Mayonnaise

Wenn alle Zutaten die gleiche Temperatur haben, müsste die Mayonnaise gelingen. Denken Sie deshalb daran, die Eier rechtzeitig aus dem Eisschrank zu nehmen. Rühren Sie von Anfang an Salz, Pfeffer und Essig mit ein. Etwas Senf ist Garant für die Bindung.

Rettung für Mayonnaise

Wenn die selbstgerührte Mayonnaise doch gerinnt: Schnell ein Eigelb mit etwas Salz in einer Schüssel schlagen, bis es fest wird. Nun tropfenweise die geronnene Mayonnaise gleichmäßig unterrühren. Meist ist sie dann gerettet.

Brot in angebrannte Soßen

Angebrannte Soßen oder Eintöpfe nicht umrühren, Sie verderben sonst das ganze Gericht. Den nicht angebrannten Teil in einen anderen Topf umfüllen und ein Stück trockenes Brot oder einen rohen Erdäpfel dazugeben. Das neutralisiert den verbrannten Geschmack. Mein Rat: Man sollte überhaupt nichts Angebranntes essen, weil das krebsfördernd ist.

Pulverkaffee in die Soße

Eine Prise Kaffeepulver gibt der Bratensoße einen feinen Geschmack.

Apfelscheibe zum Braten

Bratensoße wird schmackhafter, wenn man eine Apfelscheibe hineingibt und mitbraten lässt. Sie können aber auch etwas Zucker in

einer Pfanne bräunen, mit Apfelsaft ablöschen und diesen Sud in die Soße gießen.

■ Versalzene Soße

Wenn Sie die Soße versalzen haben, können Sie sie entweder mit Wein, Milch, Obers *(Sahne)* oder Wasser verlängern.

■ Bratensaft einfrieren

Füllen Sie den übrig gebliebenen Bratensaft in Eiswürfelbehälter, und lassen Sie ihn im Tiefkühlfach hart werden. Die Würfel dann einzeln in Alufolie wickeln und im Gefrierfach aufbewahren. So haben Sie immer einen herrlichen Fond für eine Bratensoße zur Hand.

■ Soße aus Käseresten

Aus übrig gebliebenem Käse kann man eine köstliche Spaghetti-Soße machen: Käsereste in Butter schmelzen (eventuell ein wenig Jungzwiebeln dazu) und mit Obers *(Sahne)* verfeinern.

■ Soße mit Bier verlängern

Wenn Sie zu wenig Soße haben, lässt sie sich leicht mit Obers *(Sahne)* verlängern. Bei Schweins- oder Rindsbraten passt statt dessen hervorragend ein Schuss Bier dazu.

*

■ **Kognak für zartes Rind**

Hier ein Trick, der zähes Rindfleisch oder älteres Geflügel weicher und zarter macht: Reiben Sie es einige Stunden vor dem Braten mit einer Mischung aus Öl und Kognak (Weinbrand oder Whisky sind ebenso wirksam) ein, oder gießen Sie ein Gläschen Kognak zum Kochwasser. Den Alkohol schmeckt man später nicht mehr.

■ **Fleisch dünn schneiden**

Um Fleisch mit einem elektrischen Messer oder der Brotschneidemaschine in dünne Scheiben schneiden zu können, ist es ratsam, es vorher kurz im Tiefkühlfach anfrieren zu lassen.

■ **Heiß übergießen**

Den Braten sollte man nur mit heißem Wasser oder heißer Suppe übergießen. Kaltes Wasser macht das Fleisch hart.

■ **Schöne Kruste**

Der Braten bekommt eine schöne Kruste, wenn man das Fleisch einige Male mit Bier übergießt oder kurz vor dem Garwerden mit Honig bepinselt und es dann noch ca. 10 Minuten bei hoher Temperatur braten lässt.

■ **Fleisch mit Öl bestreichen**

Bewahren Sie Fleisch niemals in verschlossenen Plastikhüllen oder -folien auf. Packen Sie es immer gleich aus, pinseln Sie das Fleisch mit Speiseöl ein, und stellen Sie es in den Kühlschrank. So hält es sich ca. 3 Tage.

Rindsbraten muss rasten

Damit der Rindsbraten nicht zäh und trocken wird, ist Folgendes zu beachten: Er darf nie sofort serviert werden, sondern muss nach dem Braten etwa 5 Minuten rasten. Danach nochmals in die heiße Pfanne legen und kurz nachbraten.

Würstel platzen nicht

So platzen Würstel nicht mehr auf: Bringen Sie Wasser zum Kochen, drehen Sie die Flamme klein, und geben Sie einen Schuss Milch dazu. Darin lassen Sie die Würstel so lange ziehen, bis sie heiß sind.

Würstel warm halten

Wenn Sie gekochte Würstel längere Zeit warm halten wollen, legen Sie diese in heißes Salzwasser und lassen sie bei niederer Temperatur darin ziehen.

Zucker auf Bratwurst

Wenn Sie während des Bratens etwas Zucker über die Bratwürste streuen, werden sie besonders knusprig und geschmackvoll.

Bratwürste überbrühen

Damit Bratwürste nicht aufplatzen, sollten Sie sie an beiden Enden anstechen oder vor dem Braten mit heißem Wasser überbrühen und abtrocknen (damit das Fett nicht spritzt). Das macht die Haut außerdem geschmeidig. Achten Sie darauf, dass die Hitze beim Braten nicht zu groß ist, da die Würstel sonst nur bräunen, aber nicht durchbraten.

Fleisch am Spieß

Es ist ratsam, die Spieße vor dem Grillen mit Öl einzureiben, dann lösen sich die Fleischstücke viel leichter.

Zarte Leber

Innereien wie Leber und Nieren werden besonders zart und saftig, wenn Sie sie vor der Zubereitung ca. 2 Stunden in Milch oder in Tomatensaft legen.

Saftiges Faschiertes

Faschiertes wird saftig und locker, wenn Sie außer der in Milch aufgeweichten und leicht ausgedrückten Semmel noch einen Schuss Mineralwasser zugeben.

Geselchtes im Netz

Das Netz vom Selchroller sollten Sie vor dem Kochen mit den Fingern leicht lösen und lockern (nicht abziehen!). So bleibt nach dem Garen nichts am Netz hängen.

Zunge schälen

Kalbs-, Schweins- oder Rindszunge lässt sich leichter schälen, wenn Sie sie nach dem Kochen einige Minuten in kaltes Wasser legen.

Frisches Geflügel

Beim Kauf von Geflügel (oder Wildgeflügel) sollte man auf Folgendes achten: Die Beine müssen biegsam, das Brustbein weich sein, die Brust sollte vollfleischig und hell sein.

Kein Holzbrett für Hühner

Bei der Vorbereitung Ihres Huhnes sollten Sie besser kein Holzbrett verwenden. Durch die raue Oberfläche lässt es sich hinterher schwer wieder sauber machen, und die Bakterien bleiben im Holz.

■ Geflügel waschen!

Wichtig ist, dass Sie vor dem Zubereiten aller Geflügelsorten diese erst einmal gründlich warm abwaschen, dann mit Küchenpapier trockentupfen.

■ Zitronensaft macht saftig

Damit Geflügel beim Grillen saftiger wird, sollte man es vorher mit Zitronensaft beträufeln.

■ Knuspriges Huhn

Pinseln Sie während des Brat- oder Grillvorgangs das Huhn öfter mit Bier ein, dann wird es schön braun und knusprig. Dieser Trick wirkt auch hervorragend bei tiefgefrorenem Geflügel.

■ Saftige Hühnerbrust

Wenn Sie das Hühnerfleisch ca. 2 Stunden vor dem Braten mit Buttermilch übergießen, wird es besonders zart und schmackhaft. Machen Sie es zur Abwechslung aber einmal wie die Chinesen: Bestreichen Sie die Hühnerbrust oder -schenkel eine halbe Stunde vor der Zubereitung mit Eiklar. Das macht sie sehr saftig.

■ Ente mit Honig

Die Ente bekommt einen besonders guten Geschmack, wenn Sie sie während des Bratens ab und zu mit Honig bestreichen.

Gebratene Ente

Die Haut von gebratener Gans oder Ente wird schön knusprig, wenn man sie 15 Minuten vor dem Garwerden mit eiskaltem Wasser besprüht.

Geflügel muss durch sein

Es ist ganz wichtig, dass Geflügel vollkommen durchgegart wird. Nur so können Sie Salmonellengefahr vermeiden.

Wild in Buttermilch

Wild wird zart und schmackhaft, wenn Sie es über Nacht in Buttermilch legen und zugedeckt in den Kühlschrank stellen.

Speck schneiden

Der Speck lässt sich leicht und gleichmäßig schneiden, wenn Sie das Messer vorher in heißes Wasser tauchen.

Speck zum Spicken

Zum Spicken lässt sich Speck besser verarbeiten, wenn Sie ihn vorher kurz ins Tiefkühlfach legen. Dann biegt er sich nicht so leicht.

Offene Konserven

Füllen Sie den Inhalt geöffneter Konservendosen gleich in ein anderes Gefäß um. Bewahren Sie ihn niemals in der Dose auf.

Verdorbene Konserven

Konservendosen mit gewölbtem Deckel sind verdorben und müssen weggeworfen werden. Auch wenn das Blech auf Fingerdruck nachgibt und dann sofort wieder zurückschnellt, ist äußerste Vorsicht geboten.

Öl in heiße Pfanne

Fett sollte man nicht in die kalte Pfanne tun. Erhitzen Sie immer erst die Pfanne, ehe Sie Öl oder Butter hineingeben.

Erdapfel *(Kartoffel)* ins Öl

Beim Fleischfondue verhindern Sie ein Überbrodeln oder Spritzen, wenn Sie einen halben rohen Erdapfel ins Fondueöl geben.

Hartwurst

Harte Wurst, die sich schlecht häuten lässt, legt man kurz in kaltes Wasser.

*

■ Ist der Fisch frisch?

Frische Fische haben eine glänzende, glitschige Haut mit einer fest umrissenen Zeichnung und klare, hervorstehende Augen. Die Kiemen müssen hellrot sein. Wechseln sie ins Graue, ist der Fisch verdorben.

■ Frischer Fisch sinkt

Einen frischen Fisch erkennt man auch daran, dass er in einem mit Wasser gefüllten Topf auf den Boden sinkt. Bleibt er an der Oberfläche, sollten Sie ihn nicht mehr essen.

■ Säubern, säuern, salzen

Diese Reihenfolge sollten Sie immer einhalten, egal ob Sie den Fisch braten, kochen oder dünsten: säubern unter fließendem kaltem Wasser, säuern mit Zitronensaft oder Essig (das bindet den Fischgeruch), dann erst salzen.

■ Schnell geschuppt

Fische lassen sich leichter schuppen, wenn Sie sie vorher kurz in heißes Wasser legen und mit kaltem Wasser abschrecken. Anschließend schuppen Sie mit dem Messerrücken vom Schwanzende zum Kopf.

■ Fisch ausnehmen

Den Fisch nimmt man aus, indem man ihm vom Schwanz bis zum Kopf den Bauch aufschneidet, die Eingeweide sauber entfernt und die Bauchhöhle unter fließendem Wasser gründlich ausspült.

■ Salz streuen

Streuen Sie Salz auf die Arbeitsfläche, dann rutscht Ihnen der Fisch bei der Zubereitung nicht weg.

■ Fisch bleibt nicht kleben

Der Fisch bleibt beim Braten nicht so leicht in der Pfanne kleben, wenn man in das Bratfett etwas Salz streut oder den Fisch bemehlt.

■ Kochfisch im Sud ziehen

Lassen Sie den Kochfisch nur im Sud ziehen! In kochendem Wasser zerfällt er. Wenn sich die Gräten leicht lösen lassen, ist er gar.

■ Frische Forelle

Ärgern Sie sich nicht, wenn die Haut der Forelle beim Kochen reißt. Das ist ein Zeichen, dass sie ganz frisch ist. (Reißt die Haut nicht, war die Forelle vermutlich gefroren). Sie können dies aber verhindern, indem Sie den Fisch vor dem Garen etwa 2 Stunden in den Kühlschrank legen.

■ In Milch auftauen

Fisch sollten Sie zum Auftauen in Milch legen. Dadurch vergeht der Gefriergeschmack, und der Fisch wird zarter.

■ Fisch in Alufolie

Wenn Sie den Fisch in Alufolie zubereiten wollen, beachten Sie, dass die glänzende Seite immer nach innen gehört, damit der Fisch nicht an der Folie festklebt. Andersherum würde es durch die Reflexion der Wärmestrahlen die Garzeit verlängern. Auch Bebuttern der Folie beugt dem Festkleben vor.

■ Knusprige Fischfilets

Schön braun und knusprig werden die Fischfilets, wenn man unter das Paniermehl geriebenen Parmesan mischt.

■ Geschirr fischelt?

Stark nach Fisch riechendes Geschirr sollten Sie zuallererst mit kaltem Wasser abspülen und dann mit Zitronenscheiben oder Kaffeesatz abreiben. Auch von den Händen bekommt man Fischgeruch so weg.

■ Fischgräte in der Speiseröhre

Haben Sie eine Fischgräte verschluckt? Dann sollten Sie langsam einen Esslöffel Essig schlürfen, denn Essig macht die Gräte weich. Essen Sie Brot nach, damit die Gräte hinunterruscht. Wenn das nicht hilft, sofort den Arzt rufen!

■ Starker Fischgeschmack

Einen zu intensiven Fischgeschmack können Sie mildern, indem Sie den Fisch mit Essigwasser abwaschen und dem Kochwasser etwas Milch zugeben.

*

Erdäpfel *(Kartoffeln)* lagern

Erdäpfel sollen in einem kühlen, trockenen und vor allem dunklen Raum gelagert werden. Durch Licht können die Knollen grün werden und gesundheitsschädliches Solanin bilden. Schneiden Sie daher die grünen Flecken auf Erdäpfeln immer weg.

Giftige Keime

Lagerkartoffel, die zu keimen anfangen, müssen vor dem Kochen gründlich von allen Keimen befreit werden, weil die Keime giftige Substanzen enthalten.

Salz ins Wasser

Die Erdäpfelschale springt nicht auf, wenn Sie etwas Salz ins Kochwasser geben.

Alte und neue Erdäpfel *(Kartoffeln)*

Alte und neue Erdäpfel haben einen unterschiedlichen Stärkegehalt und sollten daher auch unterschiedlich behandelt werden. Alte Erdäpfel werden in kaltem Wasser aufgesetzt, neue hingegen in kochendem Wasser.

Gleichzeitig weich

Damit unterschiedlich große Erdäpfel gleichzeitig weich werden, müssen Sie die großen vor dem Kochen mit einer Stricknadel oder einem Spieß durchstechen.

Kein Überkochen

Geben Sie ein wenig Fett ins Kochwasser der Erdäpfel, dann kochen sie nicht über.

Erdäpfel *(Kartoffel)* schälen

Wenn Sie die gekochten Erdäpfel kalt abschrecken, lassen sie sich besser schälen. Solange die Schale von heurigen Erdäpfeln noch dünn und locker ist, kann man diese vor dem Kochen leicht mit einem sauberen Drahtwaschel entfernen.

■ Knusprige Braterdäpfel

Besonders knusprig werden die Braterdäpfel, wenn Sie die kalten Scheiben mit Mehl bestäuben, bevor Sie diese in heißem Fett braten.

■ Püreepulver macht sämig

Ist Ihnen der Eintopf oder das Gemüse zu dünn geworden, rühren Sie ein bisschen Erdäpfelpüreepulver dazu. Die Speise wird dadurch schön sämig.

■ Folienerdäpfel

Damit Folienerdäpfel beim Garen nicht platzen, sollten Sie diese vor dem Einwickeln mit der Gabel anstechen.

■ Erdäpfel *(Kartoffeln)* auf dem Grill

Bei Grillkartoffel ist es ratsam, die großen Erdäpfel vorzukochen. Erst anschließend in Folie wickeln und auf den Grill legen. So werden sie schneller weich.

■ Erdäpfel *(Kartoffeln)* im Mikroherd

Wenn Sie gekochte Erdäpfel in der Mikrowelle aufwärmen wollen, sollten Sie sie vorher mit Wasser anfeuchten. Dann trocknet die Haut nicht so aus.

■ Alte Erdäpfel *(Kartoffeln)*

Alte Erdäpfel bekommen einen besseren Geschmack, wenn man etwas Zucker oder Milch ins Kochwasser gibt.

■ Puffer mit Karotte

Der Kartoffelpufferteig bleibt schön hell, wenn Sie eine Karotte dazureiben. Außerdem sind die Puffer leichter verdaulich, wenn Sie dem Teig etwas Backpulver hinzufügen und kurz rasten lassen.

■ Kein Ankleben

Wenn Sie die Pfanne vor dem Gebrauch fest mit Salz ausreiben, bleiben z. B. Kartoffelpuffer oder Eierspeise nicht kleben.

■ Aufgewärmte Pommes frites

Pommes frites sollten nicht wieder in Fett aufgewärmt werden. Hängen Sie sie stattdessen in einem Sieb über einen dampfenden Topf. So werden sie nicht hart.

■ Weiche Chips

Kartoffelchips oder Cornflakes werden wieder knusprig, wenn man sie im Backrohr auf einem Blech ausbreitet und einige Minuten erhitzt. Das gilt auch für Soletti oder weich gewordenes Käsegebäck.

*

Öl ins Wasser

Damit Nudeln oder andere Teigwaren nicht zusammenkleben, sollten Sie diese immer in reichlich Salzwasser kochen, dem Sie einen Schuss Öl zufügen. Nachher kalt abschrecken!

Besser mit Suppenwürfel

Nudeln bekommen einen besseren Geschmack, wenn Sie einen Suppenwürfel ins Kochwasser geben.

Fertige Nudeln aufbewahren

Damit Teigwaren, die Sie für die nächste Mahlzeit aufheben wollen, nicht zusammenkleben, schwenken Sie sie gut in Butter oder Öl. Sie können die Teigwaren aber auch nach dem Kochen sofort in kaltes Wasser geben, 15 Minuten stehen lassen und dann abseihen. Kurz abschrecken genügt in dem Fall nicht.

Reiskochen nach Uhr

Kochen Sie den Reis nur nach der vorgeschriebenen Zeit, niemals nach Ihrem Gefühl. Besser eine Minute kürzer als zu lange kochen. Beim Ausdampfen gart der Reis immer noch etwas nach.

Richtiges Maß 1:2

Wenn nicht ausdrücklich anders angegeben, heißt das richtige Maß beim Reiskochen: Eine Tasse Reis, zwei Tassen Wasser.

Weiß und körnig

Der Reis bleibt weiß und körnig, wenn man etwas Zitronensaft ins Kochwasser gibt.

Reis aufgewärmt

Reis vom Vortag schmeckt wie frisch, wenn Sie ihn in einen Gefrierbeutel füllen und etwa 5 Minuten in kochendes Wasser legen.

Lockere Nockerl *(Klößchen)*

Nockerlteig wird schön locker, wenn Sie ihn statt mit normalem Wasser mit Soda- oder Mineralwasser zubereiten.

Grießnockerl

Ihre Grießnockerl werden besonders groß und locker, wenn Sie dem Nockerlteig eine Messerspitze Natron beifügen.

Schwere und leichte Knödel

Knödel aus schweren Massen (z. B. Marillenknödel oder Erdäpfelknödel) steigen, wenn sie durch sind, an die Wasseroberfläche; Knödel aus leichten Massen (z. B. Semmelknödel) beginnen sich in leicht kochendem Wasser zu drehen.

*

■ Kräuter hacken auf feuchtem Brett

Wenn man frische Kräuter auf einem Holzbrett hackt, gehen die Aromastoffe leicht verloren, weil sie sich ins Holz einziehen. Das können Sie verhindern, indem Sie das Holz vorher nass machen.

■ Kräuter trocknen

Trocknen Sie Kräuter hängend an der frischen Luft, jedoch niemals in der prallen Sonne. Denn die entzieht ihnen wichtige Bestandteile. Ideal sind die Sommermonate, da werden die Kräuter in einer Woche trocken.

■ Petersilie nie mitkochen

Petersilie ist das vitaminhaltigste Küchenkraut, fördert die Verdauung und entwässert. Es passt zu allen gesalzenen Speisen, sollte jedoch erst ganz zum Schluss über die Speise gestreut werden. Ein Mitkochen würde das Aroma zerstören.

■ Petersilie warm waschen

Petersilie sollten Sie nur mit warmem Wasser waschen, sonst verliert sie Saft und Aroma. Auch welk gewordene Petersilie wird wieder frisch, wenn man sie kurz in warmes Wasser legt.

■ Kräuter lange frisch

Petersilie, Schnittlauch und Dille bleiben tagelang frisch, wenn man sie fein gehackt, gewaschen und gesalzen in einem Glas mit Schraubdeckel kühl aufbewahrt.

Kresse in der Schale

Kresse können Sie leicht selbst in der Küche anbauen: Legen Sie eine Topfenschachtel (oder eine andere Plastikschüssel) mit nasser Watte aus, und streuen Sie den Kressesamen darauf. In einen warmen Raum stellen, gut feucht halten, dann können Sie bald die eigene Kresse ernten.

Gewürze im Tee-Ei

Weil es oft recht mühsam ist, mitgekochte grobe Gewürze aus der fertigen Speise wieder herauszufischen, füllen Sie Nelken, Pfefferkörner oder Lorbeerblätter usw. in ein Tee-Ei, das Sie mitkochen.

Verstopfter Pfefferstreuer

Pfefferstreuer verstopfen nicht, wenn man zum gemahlenen Pfeffer ganze Pfefferkörner mischt. Das hat den zusätzlichen Vorteil, dass auch das Aroma besser wird.

Sparsam mit Rosmarin

Rosmarin sollte sparsam verwendet werden. Dieses Gewürz passt zu Tomaten, Mais, Pilzen und italienischen Gerichten.

Wenig Thymian und Oregano

Auch von diesen beiden Gewürzen darf man nicht zuviel verwenden. Sie überdecken leicht den eigentlichen Geschmack der Speisen. Thymian verwendet man zu Schweinefleisch und Wild, Oregano zu Pizza, Tomatengerichten, Fisch und Käse.

■ Majoran und Oregano

Majoran und Oregano sollten Sie nie gleichzeitig in einer Speise verwenden. Ihr Geschmack harmoniert nicht.

■ Knoblauch in Öl legen

Knoblauch ist eines der gesündesten Gewürze: er enthält wertvolle Vitamine und Mineralstoffe, ist leberfreundlich und wirkt antibiotisch. Knoblauchzehen können nicht austrocknen, wenn Sie sie geschält in Olivenöl einlegen. Außerdem nimmt das Öl den Knoblauchgeschmack an und eignet sich daher sehr gut zum Salatanmachen.

■ Knoblauch gebraten

Erst geben Sie alle anderen Zutaten in die Pfanne und zuletzt den Knoblauch. Er brennt nämlich leicht an und wird dann bitter.

■ Schokolade hilft!

Gegen Knoblauchgeruch aus dem Mund hilft das Essen von Schokolade.

■ Paprika im Dunkeln

Paprika-Gewürz immer in dunklen, gut verschließbaren Gefäßen aufbewahren, weil durch die Lichteinwirkung das Rot verblasst.

■ Paprika löschen

Gerösteter Paprika wird schnell bitter. Löschen Sie ihn daher gleich mit Essig oder Wasser ab.

■ Öl auf Senf

Das Eintrocknen von Senf in einem angebrochenen Glas verhindern Sie, indem Sie die Oberfläche sparsam mit Öl bedecken.

■ Ketchup in der Flasche

Will das Ketchup trotz Schütteln nicht aus der Flasche, dann stecken Sie einen Strohhalm bis zum Boden der Flasche. Dadurch kann Luft eindringen, und das Ketchup rinnt heraus.

*

Gemüse putzen

Um keine rissigen, fleckigen Finger zu bekommen, schält, putzt oder schabt man Gemüse und Wurzelwerk mit nassen Händen.

Bitterer Spargel

Wenn man eine rohe geschälte Kartoffel, ein Stück Weißbrot oder einen Schuss Milch ins Kochwasser gibt, nimmt das dem Spargel die Bitternis. Topf nicht zudecken!

Zucker zum Spargel

Um einen schönen milden Spargel zu erhalten, geben Sie außer dem Salz noch unbedingt eine Prise Zucker ins Kochwasser – und wer will, auch ein Stückchen Butter.

Spargel in feuchtes Tuch

Spargel hält sich einige Tage frisch, wenn man ihn in ein feuchtes Tuch wickelt und im Kühlschrank aufbewahrt.

Ist Spargel frisch?

Achten Sie beim Spargelkauf darauf, dass die Schnittenden glatt, hell und saftig, die Schale nicht rissig ist. Dann ist er frisch.

Brot zu Brokkoli

Beim Kochen von Brokkoli vermeidet man den lästigen Geruch, wenn man eine Scheibe Brot mitkocht. Braten oder dünsten Sie Brokkoli nicht in Fett an, er wird dadurch zäh.

Delikate Karotten

Karotten werden schmackhafter, wenn Sie dem Kochwasser einen Schuss Apfelsaft zugeben.

■ Karotten mögen's fett

Erst das Fett (Butter) verleiht den Karotten den süßlichen Geschmack. Außerdem bleibt das Karotin – das in unserem Körper zu Vitamin A umgewandelt wird – besser erhalten.

■ Schwarzwurzeln in Essig

Nach dem Schälen sollten Sie die Schwarzwurzeln sofort in Essig- oder Zitronenwasser legen, sonst werden sie unansehnlich braun.

■ Weiße Champignons

Wenn Sie Champignons gleich nach dem Waschen und Schneiden mit Zitronensaft übergießen, bleiben sie schön weiß.

■ Pilze nur kurz waschen

Pilze sollten nur kurz unter fließendem Wasser gewaschen werden. Sie saugen zuviel Feuchtigkeit auf, wenn man sie im Wasser liegen lässt. Wenn Sie einen empfindlichen Magen haben, sollten Sie keinen Alkohol zu Pilzgerichten trinken. Sie könnten mit Magenbeschwerden darauf reagieren.

■ Pilz-Würze

Wenn Sie getrocknete Pilze durch die Pfeffermühle drehen oder mit der elektrischen Kaffeemühle mahlen, haben Sie eine wunderbare Würze.

■ Gemüse nicht zu lange warm halten

Vermeiden Sie zu langes Warmhalten von Gemüse. Es verliert dadurch Geschmack, Farbe und Nährstoffe. Lassen Sie es lieber erst einmal kalt werden, und wärmen Sie es bei Bedarf wieder auf.

■ Zarter Karfiol *(Blumenkohl)*

Legen Sie Karfiol zum Waschen in stark gesalzenes Wasser. So lösen sich kleine Schnecken, Würmer und Insekten. Damit der Karfiol seine weiße Farbe behält und besonders mild wird, können Sie eine Tasse Milch zum Kochwasser mischen.

■ Frisches Gemüse

Kochen Sie frisches Gemüse in möglichst wenig Wasser weich. Da diese Flüssigkeit wertvolle Mineralstoffe enthält, sollten Sie sie, anstatt sie wegzuschütten, als Grundlage für Suppen oder Soßen verwenden.

■ Weiche Paradeiser *(Tomaten)*

Wenn Sie weich gewordene Paradeiser ca. $1/4$ Stunde in eiskaltes Wasser legen, werden sie wieder fester. Damit sie sich besser zerteilen lassen, sollten Sie das Messer vor jedem Schnitt in kaltes Wasser tauchen.

■ Paradeiser *(Tomaten)* schälen

Wenn man Paradeiser kurz mit kochendem Wasser übergießt und danach abschreckt, lassen sie sich leicht schälen.

■ Paradeiser *(Tomaten)* nicht zu Gurken

Gurken und Blumenkohl dürfen Sie nicht gemeinsam mit Paradeisern aufbewahren. Die Paradeiser scheiden ein Gas aus, wodurch das andere Gemüse schneller verdirbt.

■ Gesunder Paprika

Paprika verbessert den Magensaft – er ist also für Magen- und Darmkranke mit schlechter Saft- und Säurebildung ein empfehlenswertes Diätmittel. Außerdem ist er reich an Vitamin C.

■ Mais ohne Salz kochen

Dem Kochwasser von Maiskolben sollten Sie kein Salz zufügen, da die Maiskörner sonst zäh werden. Ein Schuss Zitronensaft im Kochwasser hingegen erhält die schöne gelbe Farbe der Maiskörner.

■ Spinat nicht aufwärmen

Wärmen Sie gekochten Spinat niemals wieder auf, weil dadurch gesundheitsschädliche Stoffe freigesetzt werden können.

■ Frische Radieschen

Radieschen und Rettiche bleiben länger frisch, wenn man sie mit dem Kraut nach unten in ein Gefäß mit Wasser stellt.

■ Radieschen machen Hunger

Radieschen sind die besten Appetitanreger. Ein, zwei Radieschen eine halbe Stunde vor dem Essen, und Sie bekommen einen Löwenhunger.

■ Zucker tut Erbsen gut

Frische Erbsen behalten beim Kochen ihre grüne Farbe und schmecken köstlich knackig, wenn Sie dem Kochwasser etwas Zucker beifügen. Auch tiefgekühlte Erbsen schmecken mit Zucker besser.

■ Erbsen in der Schote

Bei ganz jungen, frischen Erbsen können Sie sich das Auslösen ersparen, indem Sie die Erbsen in der Schote kochen. Die Schoten springen beim Kochen auf und schwimmen an die Oberfläche, so dass man sie leicht abschöpfen kann.

■ Grünes Gemüse

Frisches grünes Gemüse, wie Erbsen und Fisolen *(grüne Bohnen)*, behält seine schöne grüne Farbe, wenn man es nach dem Kochen mit kaltem Wasser abschreckt.

■ Blumenkohlstrünke

Dicke Blumenkohl- und Brokkolistrünke werden schneller weich, wenn man sie kreuzweise einschneidet.

■ Seidenpapier hält frisch

Gemüse und Salate halten länger frisch, wenn man sie in feuchtes Seidenpapier wickelt. Zwiebeln treiben beim Lagern nicht aus, wenn man sie einzeln in (trockenes) Seidenpapier einwickelt.

■ Halbierte Zwiebel

Angeschnittene Zwiebeln kann man einige Tage aufheben, indem man die Schnittfläche mit Butter einreibt und die Zwiebelstücke in Alufolie im Kühlschrank lagert.

■ Keine Tränen beim Zwiebelschneiden

Man vergießt weniger Tränen beim Zwiebelschneiden, wenn sowohl Schneidbrett als auch Messer feucht sind. Leichter schälen lassen sich die Zwiebeln, wenn sie vorher kurz in warmes Wasser eingeweicht werden.

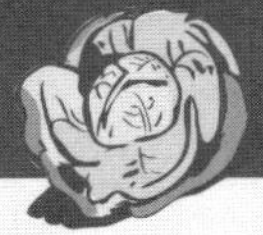

Schneller braun

Wenn Sie die Zwiebeln vor dem Anbraten mit Mehl bestäuben, werden sie schneller goldbraun.

Scharfer Kren *(Meerrettich)*

Wenn einem beim Reiben oder Essen von scharfem Kren die Tränen in die Augen steigen, sollte man an frischem Schwarzbrot riechen. Das hilft sofort.

Blattsalat gut trocknen

Das Wichtigste bei der Zubereitung: Der Salat muss trocken sein. Verwenden Sie also eine Salatschleuder oder wickeln Sie den Salat in ein trockenes, sauberes Geschirrtuch. Lassen Sie ihn niemals im Wasser stehen! Das nimmt ihm das knackige Aussehen und die Vitamine.

Kopfsalat im Wasserbad

So hält sich Kopfsalat frisch: Am Strunk kreuzweise einschneiden und in eine flache Schüssel mit wenig Wasser legen.

Welker Kopfsalat

Welker Kopfsalat wird wieder knackig, wenn man in das Waschwasser einen Esslöffel Zucker gibt oder ihn 10 Minuten in Zitronenwasser liegen lässt. Die Zitronensäure strafft die Blätter.

Gurkensalat salzen

Gurkensalat wird knackiger, wenn Sie ihn erst kurz vor dem Anrichten salzen, sonst lässt er zuviel Wasser.

Bekömmlicher Gurkensalat

Gurkensalat ist besser verträglich, wenn man die geschälte Gurke mit heißem Wasser abbrüht, mit kaltem Wasser abschreckt und dann erst schneidet. Außerdem wird Gurkensalat bekömmlicher, wenn Sie die Salatsoße mit einem Kaffeelöffel Senf anmachen. Das verhütet Aufstoßen und Blähungen.

Marinade aus Gurkenglas

Wenn Sie die Essiggurkerln aufgebraucht haben, schütten Sie die verbliebene Flüssigkeit im Glas nicht weg, sondern verwenden Sie diese als Marinade für Salate.

*

Knoblauch zum Obst

Frisches Obst fault nicht so schnell, wenn man zwischen die Früchte einige Knoblauchzehen legt.

Wasser laugt Vitamine aus

Obst sollte in keinem Fall längere Zeit im Wasser liegen, weil das die Vitamine auslaugt und den Geschmack beeinträchtigt.

Zitrone auf frisches Obst

Frisch geschnittenes Obst wie Äpfel, Birnen und Bananen schützt man vor dem Braunwerden, indem man etwas Zitronensaft darüber träufelt. Bei größeren Mengen kann man auch Essigwasser verwenden.

Apfelschalen-Tee

Werfen Sie Apfelschalen nicht weg. Man kann daraus einen guten nervenberuhigenden Tee zubereiten.

Mehr Saft

Zitronen und Orangen geben mehr Saft, wenn man sie vor dem Ausdrücken mit sanftem Druck in den Händen rollt.

Harte Zitronen

Wenn Sie hart gewordene Zitronen in warmes Wasser legen, werden die Schalen wieder weich.

Essig hält Zitrone frisch

Eine halbierte Zitrone trocknet nicht so schnell aus, wenn man die Schnittfläche auf einen Teller mit etwas Essig legt.

■ Zitronen nur anstechen

Benötigen Sie nur wenig Zitronensaft, ist es ratsam, die Zitrone mit einer Gabel oder einer Stricknadel anzustechen und einige Tropfen herauszupressen. So bleibt sie länger saftig.

■ Orangen schälen

Orangen lassen sich leichter schälen, wenn man sie kurz in warmes Wasser taucht.

■ Vorsicht bei frischen Ananas!

Schälen Sie frische Ananas nicht mit demselben Messer, mit dem Sie sie aufschneiden. Die Schale frischer Ananas enthält eine Säure, die bei empfindlichen Menschen Entzündungen an Mund und Lippen verursachen kann.

■ Keine Gelatine über Ananas

Frische Ananas und Gelatine vertragen sich nicht. Die Ananas enthält Enzyme, die das Gelieren beeinträchtigen. Wenn Sie jedoch die Ananas vorher kurz dünsten, lässt sie sich mit Gelatine binden.

■ Obst ins heiße Wasser

Für ein Kompott sollten Sie die Früchte erst in kochendes Wasser legen und darin nur noch garziehen lassen. So bleiben Geschmack, Aussehen und Vitamine erhalten.

■ Unreife Pfirsiche

Unreife Pfirsiche oder grüne Tomaten reifen schneller, wenn man sie in eine Schachtel legt, mit Zeitungspapier zudeckt und an einen dunklen Ort stellt.

■ Obst zum Pressen

Verwenden Sie zum Pressen von Grapefruits, Orangen oder Zitronen nur Früchte mit dünner Schale, denn diese sind wesentlich saftiger.

■ Avocado: die grüne Fettbombe

Diese grüne Frucht ist nicht nur reich an Fett, sondern auch reich an Mineralien, Spurenelementen und Vitaminen! Je reifer, desto besser schmeckt die Avocado. Reife Früchte geben auf Fingerdruck nach, und man hört den Kern beim Schütteln.

■ Unreife Avocados

Wenn Sie unreife Avocados in einer Schüssel mit Mehl bedecken, sind sie nach kurzer Zeit reif.

■ Kiwis schneiden

Wenn Sie Kiwischeiben zum Verzieren brauchen, dann schneiden Sie die geschälten Kiwis mit dem Eierschneider. Das geht schnell und die Scheiben werden schön gleichmäßig.

■ Ist die Melone reif?

Wassermelonen sind reif, wenn sie beim Abklopfen einen dunklen Ton von sich geben. Klingt der Ton hohl, sind die Melonen noch nicht reif oder trocken.

■ Kirschen halten länger

Kirschen halten länger, wenn sie auf einem mit Pergamentpapier ausgelegten Blech ausgebreitet werden. Die Kirschen drücken sich dann nicht.

Banane im Kühlschrank

Bewahren Sie Bananen ruhig im Kühlschrank auf: Die Schalen werden zwar schwarz, die Bananen bleiben aber frisch.

Banane entschärft

Nach einem scharfen Essen sollten Sie als Nachspeise eine Banane servieren. Sie entschärft und neutralisiert – das Brennen im Mund hört sofort auf.

Rhabarber mit Zitrone

Hinterlässt Rhabarber bei Ihnen auch ein stumpfes Gefühl auf den Zähnen? Mit etwas Zitronensaft oder einem Schuss Weißwein ins Kompott kann man das verhindern.

Erdbeeren am Morgen

Erdbeeren sollte man zu Beginn einer Mahlzeit essen oder sogar gleich am Morgen, noch vor dem Frühstück. Das bringt alle ihre wichtigen Vitamine, ihr Eisen und den stärkenden Phosphor zur richtigen Wirkung!

Erdbeeren am Abend

Essen Sie am Abend frische Erdbeeren: Sie werden köstlich schlafen, denn die Früchte enthalten Brom.

Waschen, dann putzen

Erdbeeren soll man immer zuerst waschen und dann putzen. Umgekehrt würde zuviel Wasser in die Erdbeeren gelangen.

Weintrauben aufbewahren

Wenn Sie Weintrauben länger aufbewahren wollen, sollten Sie die Trauben von faulen Beeren säubern und die Stielenden mit flüssigem Wachs oder Siegellack versiegeln. Dann hängen Sie die Trauben an einem kühlen, luftigen Ort auf.

■ Weg mit faulen Stellen

Obst mit braunen, faulen Stellen dürfen Sie weder essen noch verarbeiten. Schneiden Sie diese Stellen unbedingt großzügig weg, denn diese können schädliche Schimmelpilze enthalten, die auch beim Kochen der Früchte nicht zerstört werden.

■ Dörrobst

Dörrobst wird beim Kochen besser weich, wenn Sie den Zucker erst nach dem Kochen dazugeben.

*

■ Salz zum Kaffee

Ein alter Hausfrauen-Tip, um das Kaffeearoma zu erhöhen: Mischen Sie eine Prise Salz zum gemahlenen Kaffee.

■ Schokolade verfeinert

Geben Sie ein Stück Schokolade oder eine Prise Kakao zum Kaffee in den Filter, und er wird viel runder und feiner schmecken.

■ Kaffee ohne Herzklopfen

Dürfen Sie keinen starken Kaffee trinken? Dann verdünnen Sie ihn einmal mit Trinkschokolade. Schmeckt köstlich.

■ Kaffeekanne ausspülen

Wenig benutzte Kaffeekannen müssen vor Gebrauch mit heißem Wasser ausgespült werden, sonst schmeckt der Kaffee muffig.

■ Kaffeedosen aus Blech

Kaffeedosen aus Blech nehmen mit der Zeit einen öligen Geruch an, der das Kaffeearoma beeinträchtigen kann. Daher sollte man die Dose ab und zu gründlich reinigen oder auswechseln.

■ Tee nie zu lange ziehen lassen

Wenn Sie den Tee 2 bis 3 Minuten ziehen lassen, wirkt er anregend, nach 5 Minuten (länger sollte er nie ziehen!) beruhigend. Urteilen Sie niemals nach der Farbe, denn diese ist je nach Teesorte unterschiedlich.

■ Tee mit Vanille

Werfen Sie ausgeschabte Vanilleschoten nicht weg. Zusammen mit schwarzem Tee aufgekocht, schmeckt das wunderbar.

■ Kakao ohne Bröckerln *(Klümpchen)*

Wird Kakao mit heißer Milch übergossen, bilden sich leicht Bröckerln. Das kann man verhindern, indem man erst das trockene Kakaopulver mit Zucker mischt und mit einem Esslöffel lauwarmer Milch anrührt.

■ Einfüllen mit Trichter

Das Einfüllen einer Flüssigkeit mit einem Trichter dauert nicht so lange, wenn man zwischen Trichter und Flaschenhals ein Zündholz klemmt. So kann die Luft aus der Flasche schneller entweichen.

■ Wein in den Keller

Wein sollten Sie in einem dunklen, luftigen Kellerraum mit einer Temperatur zwischen 12–14 Grad aufbewahren. Achten Sie darauf, dass keine stark riechenden Lebensmittel, Waschmittel oder Putzmittel in der Nähe stehen. Der Wein nimmt durch den Korken den fremden Geschmack an.

■ Wein liegend lagern

Wichtig ist, dass der Wein immer liegend gelagert wird. Der Korken muss ständig vom Wein umspült sein, sonst trocknet er aus und es kann Luft in die Flasche eindringen. Wein, der stehend aufbewahrt wird, verliert seine Blume ebenso wie der, der im Kühlschrank aufbewahrt wird.

■ Schnaps darf stehen

Flaschen mit Likör, Kognak, Whisky, Schnaps, Portwein, Sherry und andere Aperitif- und Dessertweine werden stehend gelagert.

Gläser nicht anfüllen

Weingläser werden nicht randvoll gefüllt: Bei Weißwein zwei Drittel voll, bei Rotwein nur halb voll. Beim Weineingießen bleiben die Gläser auf dem Tisch stehen, ausgenommen Sektgläser, die in die Hand genommen und schräg gehalten werden müssen.

Weinreste als Eiswürfel

Übriggebliebener Wein braucht nicht weggeschüttet zu werden. Füllen Sie die Weinreste in einen Eiswürfelbehälter und frieren Sie sie ein. So haben Sie immer einige »Weinwürfel« zum Abschmecken von Soßen oder Süßspeisen auf Vorrat. Weinreste kann man auch gut zum Weinessig gießen. Das gibt dem Essig einen intensiveren Geschmack.

Zitronensaft auf Vorrat

Seihen Sie den Saft von unbehandelten Zitronen in den Eiswürfelbehälter und frieren ihn ein. So haben Sie z. B. für den Tee immer Zitronensaft ohne Flankerln bei der Hand (außerdem kühlt der Tee schneller ab). Die übrig gebliebenen Zitronenhälften können Sie in einem Nylonsackerl ebenfalls ins Tiefkühlfach geben. Zum Bereiten von Mehlspeisen kann man die tiefgefrorenen Schalen dann mühelos reiben.

Sekt-Orange

Pressen Sie Orangen aus, füllen Sie den Saft in den Eiswürfelbehälter und stellen Sie ihn ins Tiefkühlfach. Wenn Sie Lust auf Sekt-Orange haben, legen Sie die Würfel ins Sektglas und füllen es mit Sekt auf. Es sieht nicht nur dekorativ aus, es schmeckt auch.

■ Kühle Bowle

Gewöhnliche Eiswürfel verwässern. Wenn Sie aber etwas von dem Bowlenansatz in Eiswürfelschalen einfrieren, dann haben Sie das richtige Eis zum Kühlen der Bowle.

■ Glasklares Eis

Wollen Sie einmal Ihre Gäste mit glasklaren Eiswürfeln in klaren Getränken verblüffen? Dann müssen die das Wasser vor dem Einfrieren abkochen.

■ Ribisel *(Johannisbeere)* im Eis

Dekorative Eiswürfel mit eingefrorenen Früchten oder Kräutern geben Cocktails den letzten Pfiff. Besonders gut geeignet sind kleine Früchte wie Walderdbeeren, Ribisel, Himbeeren, Heidelbeeren. Man gibt die Früchte in den Eiswürfelbehälter, gießt mit Wasser auf und friert sie ein.

■ Nicht genug Eiswürfel?

Haben Sie viele Gäste aber nicht genug Eiswürfelbehälter, dann können Sie notfalls auch Plastikeinlagen von Bonbonschachteln verwenden. Das gibt lustige Formen!

■ Sitzt der Korken fest?

Wenn ein Korken oder Stöpsel so fest in der Flasche sitzt, dass Sie ihn mit dem Stoppelzieher nicht herausbekommen, muss man den Flaschenhals warmreiben oder mit einem Streichholz kurz erwärmen. Das Glas dehnt sich dadurch aus, und der Korken lässt sich dann leicht herausziehen.

■ Silberlöffel in die Sektflasche

Haben Sie keinen Verschluss für die angebrochene Sektflasche? Dann stülpen Sie entweder ein Stück Alufolie fest auf den Flaschenhals oder Sie stecken einen versilberten Löffel mit dem Stiel nach unten hinein. So kann keine Kohlensäure entweichen, und der Sekt schmeckt auch am nächsten oder übernächsten Tag frisch.

*

Ein Stern

(*) bedeutet eine Kühltemperatur von mindestens –6 Grad, Lagerzeit bis zu 3 Tagen.

Zwei Sterne

(**) bedeuten eine Kühltemperatur von mindestens –12 Grad, gefrorene Lebensmittel können bis zu 2 Wochen gelagert werden.

Drei Sterne

(***) bedeuten eine Kühltemperatur von mindestens –18 Grad, gefrorene Lebensmittel können bis zu 3 Monaten gelagert werden.

Vier Sterne

(****) bedeuten eine Temperatur von –18 Grad und weniger, gefrorene Lebensmittel können 3 Monate und länger gelagert werden.

Flüssigkeit dehnt sich aus

Damit die gefrierende Flüssigkeit Platz hat, sich auszudehnen, dürfen Sie Behälter mit flüssigen Speisen nicht bis zum Rand auffüllen.

Luftdicht verschließen

Plastikbehälter oder -beutel sind zum Einfrieren am geeignetsten. Sie müssen luftdicht verschließbar sein. Beschriften und datieren Sie das Tiefkühlgut.

Zum Einfrieren nicht geeignet:

- Obers *(Sahne)* flockt aus und verbindet sich nicht mehr zu einer homogenen Flüssigkeit;
- Joghurt, saurer Rahm und Mayonnaise flocken aus;
- hartgekochte Eier werden zäh;
- Hartkäse im großen Stück wird bröckelig;

• niemals Flaschen mit kohlensäurehaltigen Getränken in die Tiefkühltruhe stellen, sie könnten explodieren;
• Teigwaren verlieren ihre Konsistenz;
• Vorsicht beim Einfrieren von Fisch und Schalentieren; sie sind meist auf dem Transport schon tiefgefroren worden;
• folgende Gemüsesorten eignen sich nicht zum Einfrieren: Rettiche, Kartoffeln, Karfiol, Sellerie, Riesenbohnen, Zwiebeln;
• Pilze: Können gefährlich sein. Außerdem werden sie unansehnlich und verlieren an Geschmack.

■ Aufgetautes nie mehr einfrieren

Oberstes Gebot: Einmal aufgetaute Lebensmittel niemals wieder einfrieren! Sie könnten sich eine Lebensmittelvergiftung holen.

■ Nichts Warmes einfrieren

Warme Speisen dürfen Sie nicht in das Gefrierfach geben, weil dadurch Feuchtigkeit entsteht und das Fach vereist.

■ Tiefgekühlt in die Pfanne

Tiefgekühltes Fischfilet muss in gefrorenem Zustand in der Pfanne zubereitet werden. Wenn Sie es vorher auftauen, wird es unansehnlich und verliert an Geschmack.

■ So friert Fleisch nicht zusammen

Legen Sie zwischen Fleisch- oder Fischstücke eine Frischhaltefolie, damit diese nicht zusammenfrieren und Sie die Stücke später einzeln herausnehmen können.

Huhn kalt stellen

Geflügel sollten Sie vor dem Einfrieren 12 Stunden kalt stellen.

Geflügel langsam auftauen

Geflügel sollten Sie zugedeckt im Kühlschrank auftauen lassen. Je langsamer es auftaut, desto besser bleibt die Qualität. Je nach Gewicht muss man mit 12 bis 24 Stunden rechnen. Das Auftauwasser wegschütten und das Geflügel dann gründlich waschen.

Gemüse blanchieren

Damit das Gemüse Farbe und Geschmack behält, sollten Sie es vor dem Einfrieren kurz (3 bis 5 Minuten) blanchieren.

Gefrorener Spargel

Wenn Sie den Spargel schälen, blanchieren und portionsweise in Gefrierbeuteln einfrieren, hält er sich bis zu 9 Monaten. Später nicht auftauen, sondern noch gefroren ins kochende Wasser geben.

Reis tiefgekühlt

Den gekochten, kalten Reis in einen passenden Tiefkühlbehälter füllen. Dann hält er sich tiefgekühlt bis zu 8 Monaten. Zum Auftauen hängen Sie ihn ca. 10 Minuten in einem Sieb über Wasserdampf.

Frisches Obst hält lange

Sofern die Früchte frisch sind, lassen sich alle Obstsorten wunderbar einfrieren und halten sich 8 bis 10 Monate. Damit die Früchte nicht zusammenfrieren, sollten Sie sie erst lose schockgefrieren. Danach können Sie sie in luftdichte Dosen oder Säcke füllen.

■ Rote Kirschen besser

Rote Kirschen eignen sich zum Einfrieren viel besser als schwarze.

■ Beeren gut trocknen

Nur ganz trockene Heidel- oder Himbeeren einfrieren, sonst sind sie hinterher matschig.

■ Obst auftauen

Gefrorenes Obst sollte man zum Auftauen mit heißem Zuckerwasser übergießen. Das erhält die Farbe der Früchte.

■ Rohes Ei tiefgekühlt

Geben Sie keine ganzen rohen Eier ins Tiefkühlfach, denn sie werden zähflüssig. Schlagen Sie das Ei entweder vorher leicht schaumig, oder frieren Sie Eiklar und Dotter getrennt ein.

■ Frische Kräuter einfrieren

Petersilie und andere frische Kräuter lassen sich herrlich einfrieren. Unzerkleinert waschen, grobe Stengel entfernen, gut abtrocknen und einfrieren. Wenn die Kräuter gefroren sind, reicht es, einige Male auf das Gefriersäckchen zu drücken – schon sind sie zerkleinert.

■ Frisches nicht auf Gefrorenes

Achten Sie darauf, dass frische Speisen, die Sie in die Gefriertruhe legen, nicht in Berührung mit schon Gefrorenem kommen. Die plötzliche Wärme tut den bereits tiefgekühlten Sachen nicht gut.

Zeitung isoliert

Zeitungspapier eignet sich hervorragend als Isoliermaterial. Wenn Sie Ihre Tiefkühlware in kaltes, nasses Papier einwickeln, hält sie länger tiefgekühlt.

*

■ Unbeschädigte Töpfe verwenden

Nehmen Sie zum Einkochen von Früchten nur unbeschädigte (also nicht ausgeschlagene), absolut fettfreie Email- oder Edelstahltöpfe. Diese sind säureunempfindlich. Topf beim Kochen nicht schließen und nur bis zur Hälfte füllen.

■ Besser kleine Gläser

Für Marmelade oder Gelee bewähren sich besser kleine Gläser. Diese sind schneller leer, und das Eingekochte kann nicht so leicht schlecht werden.

■ Saubere Gläser

Einkochgläser müssen vor dem Einkochen gründlich mit heißem Wasser gewaschen werden. Nicht abtrocknen, sondern nur abtropfen lassen.

■ Gläser mit Deckel

Die Einmachgläser samt Deckel müssen nicht nur ganz sauber, sondern auch völlig unbeschädigt sein. Verwenden Sie am besten Marmeladedeckel mit eingespritztem Gummiring.

■ Folie anfeuchten

Eine mit Wasser oder reinem Alkohol angefeuchtete Einmachfolie (Pergament oder Cellophan) lässt sich leichter über die Gläser spannen. Festziehen und zubinden.

■ Einmachgläser öffnen

Einmachgläser lassen sich leichter öffnen, wenn Sie die Gläser kurz auf dem Kopf stehend in heißes Wasser tauchen. Diese Me-

thode bewährt sich auch, wenn Ihnen der Gummizug beim Herausziehen gerissen sein sollte.

■ Alkohol gegen Schimmel

Bevor Sie das Einmachglas verschließen, gießen Sie auf die Marmeladeoberfläche reinen Alkohol, oder aber Sie tauchen ein Stück Pergamentpapier oder Einmachhaut in Alkohol und legen es auf die Marmelade. Dieser Vorgang ist jedoch nicht notwendig, wenn Sie die Gläser fest verschlossen ca. 10 Minuten bei 90 °C im Einkochtopf zusätzlich einkochen (oder ins Backrohr stellen). Dann haben Sie eine lange haltbare Marmelade.

■ Gläser auf den Kopf stellen

Wenn Sie Gläser mit normalem Schraubverschluss verwenden, so vermeiden Sie ein Verschimmeln, indem Sie die Gläser mit Ihrem Einkochgut auf den Kopf gestellt aufbewahren.

■ Schimmeliges wegwerfen

Haben Sie Marmelade oder Gelee mit nur wenig oder gar keinem Zucker gemacht, hält sie nicht sehr lange. Ist das Eingemachte einmal vom Schimmel befallen, werfen Sie es weg. Der Schimmel kann sich schon im ganzen Glas ausgebreitet haben.

■ Nicht bei Regen ernten

Obst, das Sie einkochen wollen, sollten Sie niemals bei Regen ernten. Geschmack und Haltbarkeit können darunter leiden.

■ Reifes Obst verwenden

Für Marmeladen sollte man nur vollständig ausgereifte Früchte verwenden, jedoch keinesfalls angefaulte Ware.

■ Gläser auf feuchtes Tuch

Da die fertige Marmelade heiß eingefüllt werden soll, stellen Sie die Gläser auf eine feuchte Tuchunterlage, damit sie nicht springen. Die gefüllten Einmachgläser gleich verschließen. Vergessen Sie nicht, vorher die Glasränder zu säubern.

■ Eiklar auf Gummi

Schließen die Gummi an Ihren Einmachgläsern nicht dicht genug, befeuchten Sie sie vorher mit Eiklar.

■ 1 kg Obst: 1 kg Zucker

Lassen Sie die Früchte einige Stunden ziehen, ehe Sie daraus Marmelade kochen. Legen Sie die zerkleinerten Obststücke in eine große Schüssel und streuen Sie Zucker darüber. Auf 1 Kilo Obst kommt 1 Kilo Zucker. Bei Gelierzucker kann man nach Geschmack weniger verwenden.

■ Marmelade ausgetrocknet

Wenn das Glas nicht richtig verschlossen war, kann die Oberfläche der Marmelade austrocknen. Gießen Sie ein wenig heißes Wasser darauf, und verrühren Sie es mit der Marmelade. Sie wird wieder schön sämig, muss aber dann schnell verbraucht werden.

Je fester der Powidl ist, umso länger hält er. Zum Aufweichen mit etwas Wasser, einem Spritzer Rum, Zimtrinde und Gewürznelken aufkochen. Schmeckt wunderbar.

■ Powidl *(Zwetschgenkraut)* hält lange

Die Marmelade bekommt einen fruchtigeren Geschmack, wenn Sie kurz vor dem Ende der Kochzeit den Saft einer Zitrone dazugießen. Außerdem bleibt die Farbe erhalten.

■ Zitronensaft in Marmelade

Wenn Sie die Hälfte des Gelierzuckers erst gegen Ende der Kochzeit dazugeben, wird Gelee schneller fest.

■ Festes Gelee

Ist die Fruchtmasse genügend eingedickt, machen Sie die Gelierprobe, indem Sie ein paar Tropfen davon auf einen kalten Teller geben. Wird sie gleich fest und bildet sich kein Wasserrand, ist das Gelee fertig.

■ Gelierprobe

Wenn Sie Kompott einkochen, geben Sie einen Schuss Wein dazu. Das macht es delikater.

■ Wein ins Kompott

Sind die Birnen, die Sie einkochen wollen, ziemlich geschmacksarm, geben Sie etwas Stangenzimt und Zitronensaft dazu. Das macht sie viel aromatischer. Dieser Tipp ist auch bei einem schnellen Birnenkompott ratsam.

■ Stangenzimt zu Birnen

Nur frische Gurken einlegen

Einlegegurken müssen ganz frisch und rundherum glatt sein, sie dürfen weder Druckstellen, Flecken noch Risse aufweisen. Wenn Sie vor dem Einlegen die Gurken mit einer Stricknadel der Länge nach durchstechen, werden sie saftiger, würziger und knackiger. Salz, Säure und Gewürzaroma können dann besser durchziehen.

Backen

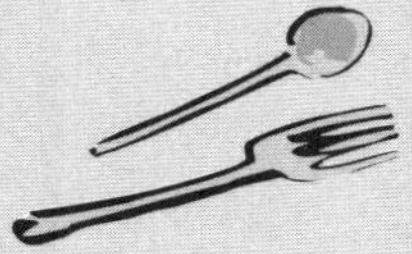

■ Glattes oder griffiges Mehl

Die Grundlage für jeden Teig ist die richtige Wahl des Mehls. Griffiges Mehl verwendet man für Kuchen, die flaumig werden sollen, für Mürbteig, Biskuitteig und diverse Tortenmassen. Gemischtes Mehl für Germ- oder Brandteig *(Hefe- oder Brandteig)* und glattes Mehl für Strudelteig.

■ Teig rühren

Der Kuchenteig sollte immer in der gleichen Richtung gerührt werden, da durch einen Wechsel das spätere Aufgehen oder Gären gefährdet wird.

■ Eiklar klebt

Biskuitböden brechen leicht auseinander (vor allem, wenn man sie zu lange im Backrohr gelassen hat). Man kann die Böden retten, indem man die Bruchstelle mit Eiweiß bestreicht und fest zusammendrückt. Auch bei Striezeln, Powidltascherln, Polsterzipfen und ähnlichem Backwerk dienen Eiklar oder Wasser als Klebemittel.

■ Kuchen löst sich leicht

Backformen stellt man nach dem Einfetten für kurze Zeit kalt. So vermischt sich das Fett nicht mit dem Teig, und der Kuchen lässt sich nachher besser aus der Form nehmen.

■ Salzgebäck nie auf Silber legen

Niemals sollten Sie Salzgebäck auf Silberschalen servieren oder darin aufbewahren. Denn das Salz greift das Silber an und macht es fleckig.

Pudding mit Schnee

Pudding wird besonders locker, wenn man ein steif geschlagenes Eiweiß darunter hebt.

Pudding ohne Haut

Pudding ohne Haut erhalten Sie, wenn Sie auf die heiße Speise etwas Zucker streuen.

Pudding stürzen

Pudding oder Geleespeisen lassen sich gut stürzen, wenn Sie die Schüssel mit kaltem Wasser ausspülen, bevor sie die Speisen einfüllen. Der Pudding löst sich noch leichter, wenn Sie die Schüssel vor dem Stürzen kurze Zeit in heißes Wasser stellen.

Flaumige Palatschinken

Palatschinken werden geschmeidig, wenn Sie einen Schuss Öl in den Teig einrühren, und besonders flaumig, wenn Sie die Milch mit Mineralwasser mischen.

Torte bildet einen »Gupf«

Wenn Sie den Rand der Tortenform nur einfetten, rutscht der Teig, wenn er aufgeht, am Rand ab und in der Mitte bildet sich ein »Gupf«. An einem trockenen oder gut mit Bröseln bzw. mit Mehl bestreuten Rand kann der Teig hochsteigen.

Torte mit Zwirnfaden schneiden

Wenn Sie die Torte zum Füllen durchschneiden wollen, aber kein so langes Messer bei der Hand haben, dann können Sie sich mit einem starken Zwirnsfaden helfen. Legen Sie diesen um die Torte, kreuzen ihn vorn und ziehen die Schlinge langsam zusammen. So erhalten Sie eine glatte Schnittfläche.

■ Praktischer Mehlstäuber

Eine kleine Wassersprengflasche kann man umfunktionieren, indem man sie mit Mehl füllt. Das erleichtert das Bestäuben von Kuchenblechen und -formen.

■ Kognak statt Backpulver

Ist der Kuchen gerade im Entstehen und es ist kein Backpulver im Haus, geben Sie 3 bis 4 Esslöffel Rum oder Kognak in den Teig. Alkohol treibt fast so gut wie Backpulver.

■ Backpulver ohne Triebkraft

Das Backpulver verliert seine Triebkraft, wenn man es mit dem ersten Mehl in den noch flüssigen Teig gibt. Zuerst nur Mehl in den Teig geben, dann das restliche Mehl mit dem gut vermischten Backpulver dazu.

■ Obstkuchen weicht auf

Vor dem Belegen des Tortenbodens mit saftigen Früchten sollten Sie ihn mit Semmelbrösel, geriebenen Nüssen oder Mandeln bestreuen. Das verhindert das Aufweichen des Bodens.

■ Apfel hält frisch

Kuchen und Kekse bleiben länger frisch, wenn man eine Apfelspalte in die Blechdose gibt.

■ Saftiger Apfelkuchen

Der Apfelkuchen wird besonders saftig, wenn man vor dem Einschieben ins Rohr eingefettetes Papier über den Kuchen legt, das man erst kurz vor Beendigung des Backvorgangs entfernt.

■ Öl in Marmorkuchen

Damit der Schokoladeteil Ihres Marmorkuchens nicht zu trocken wird, rühren Sie einen Schuss Öl unter die Kakaomasse.

■ Kuchen zu braun?

Ist der Kuchen außen schon sehr braun, innen aber noch nicht durch, legen Sie ein Stück Backpapier auf den Kuchen. Das verhindert ein Weiterbräunen.

■ Wasser ins Backrohr

Kuchen aus Germteig *(Hefeteig)* wird schön flaumig, wenn Sie beim Backen eine Schale Wasser ins Rohr stellen.

■ Kalter Nudelwalker *(Nudelholz)*

Geben Sie Ihren Nudelwalker ca. 1 Stunde ins Tiefkühlfach, dann bleibt der Teig nicht kleben.

■ Flasche statt Nudelwalker

Hat man keinen Nudelwalker *(Nudelholz)* bei der Hand, tut es auch eine glatte, saubere Flasche.

■ Alte Germ *(Hefe)*: Teig geht nicht auf

Verwenden Sie zum Backen nur frische Germ. Alte Germ arbeitet nicht mehr richtig, da kann es passieren, dass der Teig nicht aufgeht. Der Unterschied ist leicht zu erkennen: Frische Germ fühlt sich geschmeidig an, ist von rosabrauner Farbe, bricht blättrig und duftet angenehm. Ausgetrocknete Germ hingegen ist hart, rissig, grün und zum Teil dunkel gefärbt. Sie hat ihre Triebkraft verloren.

■ Germ-Test *(Hefe-Test)*

Ein einfacher Test, ob Germ frisch ist: Geben Sie ein kleines Stückchen Germ in heißes Wasser. Steigt die Germ gleich an die Oberfläche, so ist sie noch triebkräftig.

■ Lauwarme Zutaten

Alle Zutaten und Arbeitsgeräte beim Backen sollten lauwarm sein. Sind sie zu heiß, so geht die Germ nicht auf, denn Hitze tötet die Hefepilze; sind sie zu kalt, geht die Germ nur sehr langsam auf.

■ Germteig *(Hefeteig)* zudecken

Der Germteig sollte immer, mit einem Tuch zugedeckt, an einem warmen Ort zum Gehen gestellt werden. Dadurch wird der Teig vor jedem Luftzug geschützt, und außerdem kann sich unter dem Tuch die Wärme gut halten.

■ Schöner Topfenkuchen *(Quarkkuchen)*

Die Topfenmasse fällt nicht zusammen, wenn Sie den Kuchen nach dem Backen noch so lange im geöffneten, abgeschalteten Ofen stehen lassen, bis er Zimmertemperatur erreicht hat.

■ Fülle für Topfenstrudel

Damit beim Topfenstrudel *(Quarkstrudel)* die weiche Füllung nicht ausrinnt, stellt man die

Masse, bevor sie auf dem Teig verteilt wird, kurz in den Kühlschrank.

■ Mürberer Teig

Der Mürbteig wird noch weicher und lockerer, wenn man die Eier mit etwas Zitronensaft verquirlt.

■ Buckelige Torte?

Hat die frisch gebackene Torte eine buckelige Oberfläche, stürzen Sie sie noch in der Form auf ein Brett. Nach etwa 15 Minuten zurückstürzen, die Torte oder der Kuchen ist dann tadellos glatt und eben.

■ Ebene Oberfläche

Der Teig geht gleichmäßig auf, wenn Sie zu Beginn der Backzeit das Rohr ca. 10 Minuten einen Spalt offen lassen (Kochlöffel dazwischenstecken).

■ Der Kuchen sitzt fest

Der Kuchen sitzt fest und rutscht beim Stürzen nicht aus der Form: Kühlen Sie den Kuchenboden mit einem nassen Tuch kurz ab, durch den Kälteschock zieht sich das Metall zusammen, der Kuchen löst sich sogleich mühelos.

■ Saftigere Rosinen

Trockene Rosinen werden wieder saftig, wenn man sie ca. eine halbe Stunde in warmem Wasser, dem etwas Zitronensaft zugefügt wird, einweicht. Nachher gut abtrocknen.

Rosine sinkt nicht

Wenn man Rosinen oder Nüsse mit Mehl bestäubt, sinken sie im Kuchenteig nicht auf den Boden.

Rosinen in Rum

Rosinen über Nacht in Rum gelegt, entfalten im Kuchen ein wunderbares Aroma.

Trockener Kuchen

Feste Kuchen, die schon etwas ausgetrocknet sind, schmecken wieder, wenn Sie die Oberfläche mit Milch bepinseln und den Kuchen im Ofen kurz aufbacken. Feste Kuchen halten übrigens länger, wenn man sie in Alufolie eingewickelt im Kühlschrank aufbewahrt.

Blechform rostet

Ausstechformen aus Blech rosten leicht, wenn man sie oft wäscht. Besser, Sie wischen sie nach dem Gebrauch nur mit einem Tuch ab.

Nadelprobe bei Kuchen

Bei höheren Backwaren (Gugelhupf usw.) empfiehlt sich die Nadelprobe. Stechen Sie eine Stricknadel (wenn keine bei der Hand, funktioniert es auch mit einem rohen Spaghetti) in die dickste Stelle des Kuchens, bleibt an der Nadel nichts kleben, ist der Teig durchgebacken.

Aus Kristall- Staubzucker *(Puderzucker)*

Brauchen Sie schnell Staubzucker und haben keinen im Haus? Dann mahlen Sie einfach Kristallzucker in der elektrischen Kaffeemühle und schon haben Sie den feinsten Staubzucker. Auch Mohn lässt sich mit der Kaffeemühle mahlen.

■ Torte verzieren

Lassen Sie die Torte erst vollkommen auskühlen, bevor Sie sie mit Früchten, Schlagobers *(Sahne)*, Marzipan oder Schokoladeguss verzieren.

■ Hübsche Muster

Legen Sie auf die Torte ein Zierdeckchen aus Papier – Sie können das Muster auch selbst zurechtschneiden –, und bestäuben Sie alles mit Staubzucker (bei hellen Oberflächen mit Kakao). Wenn Sie das Deckchen dann vorsichtig abnehmen, haben Sie eine hübsche Dekorierung.

■ Torte mit Gummibärchen

Diese Torte ist bei kleinen Kindern ein Volltreffer: Stellen Sie die kleinen bunten Gummibärlis auf den noch feuchten Zuckerguss oder auf die Cremeoberfläche der Torte. Drücken Sie die Bärchen ein wenig hinein, damit sie nicht umfallen.

■ Glänzender Guss

Wenn Ihnen Ihr Tortenguss zu matt erscheint, pinseln Sie etwas Kognak über den erstarrten Guss. Dann haben Sie die gewünschte glänzende Torte.

■ Die Glasur deckt besser

Die Torten- oder Kuchenglasur lässt sich leichter verteilen und deckt besser, wenn Sie zum Anrühren heißes Wasser anstatt kaltem verwenden.

■ Mit Glasur länger saftig

Kuchen, mit Glasur überzogen, bleiben viel länger frisch und saftig. Die spezielle Glasur sollte zum jeweiligen Kuchen geschmacklich abgestimmt sein: Also Schokoladeguss zum Marmorkuchen, Zitronenguss zum Sandkuchen.

■ Marmelade unter die Glasur

Damit die Glasur nicht zu sehr einzieht und nachher nicht mehr viel von ihr zu sehen ist, sollten Sie alle zum Überziehen bestimmten Torten oder Bäckereien vorher dünn mit warmer Marmelade bestreichen.

■ Zuckerguss mit Geschmack

Damit Zuckerguss nicht nur süß schmeckt, rühren Sie den Staubzucker am besten mit Orangen- oder Zitronensaft an. Fester wird eine Zuckerglasur, wenn Sie ein paar Tropfen Eiklar untermischen.

■ Weißer und rosa Zuckerguss

Um einen schön weißen Zuckerguss (z. B. für die Weihnachtsbäckerei) zu erhalten, müssen Sie ihn mit heißer Milch statt mit Wasser anrühren. Rosa färben Sie den Zuckerguss mit etwas Kirschen- oder Rote-Bete-Saft.

■ Glasiertes nicht ins Eis

Glasierte Torten sollten Sie zwar in einen kühlen Raum stellen, aber nicht im Kühlschrank aufbewahren. Glasuren werden durch starke Temperaturunterschiede leicht unansehnlich.

Messer in heißes Wasser

Damit die Glasur Ihrer Torte oder des Kuchens beim Schneiden nicht bricht, sollten Sie das Messer vor jedem Schnitt kurz in heißes Wasser tauchen. Auch Schlagoberstorten *(Sahnetorten)* lassen sich so besser zerteilen.

Kleidung

■ Stoff muss atmen

Pressen Sie Ihre Kleidung nicht zu eng in den Schrank. Wenn der Stoff nicht atmen kann, bekommt er Knitterfalten.

■ Strickwaren nicht hängen

Strickwaren oder Jerseykleider sollten Sie nie längere Zeit auf Haken hängen, da sie sich sonst verziehen. Legen Sie diese statt dessen sorgfältig zusammen, und achten Sie darauf, dass nicht zu viele Kleidungsstücke übereinanderliegen.

■ Seide nicht falten

Kleidungsstücke aus Seide dürfen Sie nicht falten. Bewahren Sie diese hängend oder zusammengerollt auf.

■ Kleiderbügel ist wichtig

Dünne Drahtbügel sind nicht dazu geeignet, um für längere Zeit Kleider oder Anzüge darauf aufzuhängen. Gute Bügel sollten den Kleidungsstücken angepasst sein, damit diese nicht außer Form geraten.

■ Selten getragene Kleidung

Decken Sie Kleidungsstücke, die Sie selten tragen, zum Schutz mit zweckmäßigen Plastiküberzügen oder alten Leintüchern ab. Abendkleider sollten Sie mit der Innenseite nach außen aufhängen, dann verschmutzen sie nicht so leicht.

■ Faltenröcke umdrehen

Hängen Sie Faltenröcke mit dem Futter nach außen in den Kasten. So bleiben die Falten schön in Form.

Nasser Samt

Hängen Sie das nasse Kleidungsstück aus Samt auf einen Kleiderbügel, und lassen Sie es trocknen. (Nicht in der Nähe eines Ofens.) Kurz bevor der Samt ganz trocken ist, bürsten Sie ihn mit einer weichen Bürste gegen den Strich.

Pullover schonen

Stopfen Sie nicht zu viele Pullover in die Kleiderlade, die Wollfasern können beschädigt werden. Folge: Dauerhafte Knitterfalten.

Zipp mit Seife einreiben

Wenn der Reißverschluss klemmt, reiben Sie den geöffneten Zipp mit Seife oder einem Kerzenstummel ein und schon läuft er wieder wie geschmiert.

Motten mögen keine Zeitung

Woll- und Pelzsachen sind, in Zeitungspapier gewickelt, mottensicher aufgehoben, da Motten das Zeitungspapier meiden. Auch getrocknete Zitronenschalen, Lavendelblüten und Gewürznelken mögen sie nicht.

Kaputte Nylonstrümpfe

Werfen Sie Ihre kaputten Nylonstrümpfe nicht weg. Sie können noch tadellos als fusselfreie Putzfetzen dienen, oder lassen sich, in kleine Stückerln zerschnipselt, in Zierpolster füllen.

Duft im Schrank

Werfen Sie leere Parfumflaschen nicht weg. Legen Sie sie geöffnet in den Kleiderschrank – sie spenden noch lange herrlichen Duft.

Haarspray auf Nähfaden

Wenn Sie nicht und nicht mit dem Faden in das Nadelöhr treffen, so sprühen Sie ein wenig Haarspray auf das Fadenende. Auf diese Weise ist Einfädeln kein Problem.

Magnet als Nadelkissen

Wirkungsvoller als jedes herkömmliche Nadelkissen ist ein Magnet, mit dem Sie auch noch am schnellsten verstreute Nadeln einsammeln können.

Nadeln in die Seife stecken

Auch ein Stück Seife bewährt sich als Nadelpolster. Das hat zudem den Vorteil, dass man mit einer eingeseiften Nadelspitze leichter durch dicke Stoffe sticht.

Knopf annähen

Knöpfe reißen nicht mehr so leicht ab, wenn Sie sie mit Zahnseide oder Elastikfaden annähen.

Knöpfe abtrennen

Beim Knöpfeabtrennen wird der Stoff leicht beschädigt. Um das zu verhindern, schieben Sie einen Kamm zwischen den Stoff und den Knopf.

Knopf auf dem Pelz

Wenn Sie einen Knopf an einen Pelzmantel annähen wollen, dann tun Sie sich wesentlich leichter, wenn Sie ein Stück Papier zwischen Knopf und Pelz legen.

Knöpfe sammeln

Um Übersicht unter Dutzenden verschiedener Knöpfe in Ihrer Knopfschachtel zu bewahren, fädeln Sie alle Knöpfe gleicher Art zusammen.

■ Ohne Hilfe Rock kürzen

Wenn Ihnen niemand hilft, Ihren zipfenden oder zu langen Rock abzustecken, so spannen Sie eine feste Schnur quer zwischen einen Türrahmen in der Höhe, in der Sie den Saum haben wollen, und reiben Sie diese mit einer Schneiderkreide ein. Dann drehen Sie sich langsam im Kreis, so dass die Schnur am Rock entlangstreift.

■ Wolle wieder schön glatt

Aufgetrennte Wolle wird wieder schön glatt, wenn man sie um eine mit heißem Wasser gefüllte Flasche wickelt.

■ Ausgerissene Aufhänger

Schnürsenkel sind ein stabiler Ersatz für ausgerissene Aufhänger an schweren Jacken und Mänteln. In der gewünschten Länge zuschneiden und mit festem Zwirn annähen.

*

Phosphatfreie Waschmittel

Benutzen Sie nur phosphatfreie Waschmittel, um die Abwasserbelastung so gering wie möglich zu halten. Synthetische Waschmittel verschmutzen das Wasser.

Essig als Weichspüler

Weichspüler stellen eine unnötige Belastung der Gewässer dar. Sie enthalten Tenside, die zum Teil in der Wäsche zurückbleiben und oft die Saugfähigkeit der Textilien verringern. Im schlimmsten Fall kann es auch zu Allergien führen. Statt eines Weichspülmittels können Sie Essig ins letzte Spülwasser geben. Er hat die gleiche Wirkung, schont aber die Natur.

Zucker stärkt

Um Gardinen und gehäkelte Deckerln zu stärken, kann man in den letzten Schwemmgang eine Zuckerlösung geben.

Salz macht sauber

Die Gardinen bleiben länger sauber, wenn man ins Spülwasser eine Handvoll Salz gibt.

In Salzwasser einweichen

Baumwolltaschentücher und -servietten, die selbst in der Kochwäsche nicht mehr richtig weiß werden, weicht man einen Tag in Salzwasser ein.

Seifenreste sammeln

Sammeln Sie alte Seifenreste in einem Glas mit Wasser. Dann haben Sie immer eine wohlriechende Seifenlauge für die kleine Wäsche zwischendurch bei der Hand.

Samtbürste für den Samt

Am besten lässt sich Samt mit einem anderen Stück Samt bürsten. Etwas anfeuchten und gegen den Strich reiben, so bekommen Sie auch Druckstellen weg.

Fettiger Samtkragen

Einen fettig gewordenen Samtkragen reinigt man am besten mit Benzin.

Verstaubter Samt

Ein verstaubter Samt wird wieder schön sauber, wenn man die Kleiderbürste in Salz taucht und leicht über den Samt bürstet. Selbst ein altes Kleidungsstück wird wieder ansehnlich.

Schmutzige Krägen und Manschetten

Befeuchten Sie die verschmutzten Krägen und Manschetten und reiben Sie diese mit Kernseife ein (bei vergilbten Krägen hilft auch Kreide). 10 Minuten einziehen lassen und dann mit einer Nagelbürste abschrubben. Anschließend wie gewohnt waschen.

Shampoo für Hemdkrägen

Bei sehr schmutzigen Hemdkrägen ist es ratsam, diese mit Haarshampoo einzureiben, denn das löst Körperfett. Etwa 1 Stunde einwirken lassen und dann wie gewohnt waschen.

Holzknöpfe schonen

Echte Holzknöpfe verlieren beim Waschen nicht die Farbe, wenn man sie vorher mit farblosem Nagellack überzieht.

Nickis umdrehen

Kleidungsstücke aus Nicki-Material nehmen keine Fusseln auf, wenn Sie sie immer von links waschen.

Tee färbt braun

Sie wollen Ihr nicht mehr ganz weißes T-Shirt beige oder braun färben? Dann weichen Sie das Kleidungsstück einfach in schwarzem Tee ein. Je dunkler die Farbe werden soll, desto stärker sollte der Tee sein und desto länger muss der Stoff darin liegen.

Vergilbte Wäsche

Legen sie vergilbte Wäsche über Nacht in saure Milch, dann waschen Sie wie üblich.

Backpulver bleicht

Kochwäsche und vergraute Vorhänge werden blütenweiß, wenn dem Hauptwaschgang ein Paket Backpulver beigemengt wird.

Essig gegen Schweißgeruch

Der Schweißgeruch unterm Arm verschwindet aus Kleidern und Pullovern, wenn man die Stellen mit starkem Essigwasser spült oder abreibt.

Keine Fusseln

Wenn Sie stark fusselnde Kleidungsstücke in einen Polsterüberzug stecken, kann man sie ohne Bedenken mit anderer Wäsche in die Waschmaschine geben.

Wäschesack aus Stores

Nähen Sie sich aus alten weißen Stores einen Wäschesack für die Waschmaschine. Er ist ideal für besonders empfindliche Spitzendessous oder Seidenstrümpfe und Strumpfhosen.

■ Wasserdichte Wolle

Um Handschuhe aus Wolle wasserdicht zu machen, sollte man sie 1 Stunde in essigsaure Tonerde legen.

■ Helle Jeans

Dunkle Jeans werden heller, wenn Sie dem Waschmittel Backpulver beimengen.

■ Weißer mit Zitronenschale

Weiße Herrenhemden, die nach häufigem Waschen grau geworden sind, werden wieder weiß, wenn Sie sie zusammen mit einigen Zitronenscheiben waschen.

■ Angora ist empfindlich

Angora- und Mohairpullover brauchen schonende Behandlung. Am besten wäscht man sie mit einem milden Haarshampoo in kaltem bis lauwarmem Wasser. Wenn Ihr Angora- oder Mohairstück zu sehr haart, legen Sie es in einem Plastiksack einige Zeit in den Gefrierschrank, bevor Sie es anziehen.

■ Wolle bleibt weich

Damit Ihre Wollsachen weich bleiben, müssen Sie darauf achten, dass das Schwemmwasser die gleiche Temperatur hat wie das Waschwasser. Zu starker Temperaturunterschied macht nämlich Wollgewebe hart. Ein Schuss Essig ins letzte Spülwasser gibt noch einen zusätzlichen Weicheffekt.

■ Lockere Daunenjacke

Ihre Daunenjacken werden nach dem Waschen (in der Waschmaschine im Schongang bei 30 °C) besonders locker, wenn Sie diese anschließend auf niedriger Stufe im Trockner trocknen und einen Tennisball dazugeben.

■ Sauberes Futter

Am besten reinigen Sie das Seidenfutter eines Pelzmantels mit einem in Spiritus getränkten Wattebausch.

■ Regenschirm wie neu

Ihr Regenschirm sieht wie neu aus, wenn Sie ihn ab und zu mit einem in Spiritus getränkten Tuch abreiben. Aufgespannt trocknen lassen!

■ Wasserfester Regenschirm

So wird ein Regenschirm, bei dem die Imprägnierung nachgelassen hat, wieder wasserfest: aufspannen und großflächig mit Haarspray besprühen.

■ Tennissocken in Borax-Lösung

Tennissocken, die durch Spielen auf rotem Sandplatz verfärbt sind, werden wieder strahlend weiß, wenn Sie diese über Nacht in einer Borax-Lösung einweichen.

■ Weiße Socken wieder weiß

Um den Fußteil von weißen Socken nach längerem Tragen wieder weiß zu bekommen, waschen Sie diese in Zitronenwasser.

■ Zipp schließen

Schließen Sie den Reißverschluss, bevor Sie das Kleidungsstück waschen. Er lässt sich dann genauso leicht auf- und zumachen wie vorher.

Badeanzüge gut spülen

Badeanzüge, die im Meer benutzt wurden, sollten Sie abends gut ausspülen, sonst zerfrisst das Salzwasser den Stoff.

*

■ Schönere Bügelfalten

Wenn Sie den Stoff mit Wäschestärke von der Innenseite in den Faltenbruch der Hose sprühen, kurz antrocknen lassen und dann wie üblich bügeln, halten die Bügelfalten länger.

■ Bügeln ersparen

Räumen Sie Ihren Wäschetrockner sofort aus, wenn das Programm abgelaufen ist. Warme Wäsche lässt sich leicht glatt streichen, und Sie sparen sich bei vielen Wäschestücken das Bügeln.

■ Bügeleisen entkalken

Füllen Sie Ihr Bügeleisen zum Entkalken von Zeit zu Zeit mit einer Essig-Wasser-Mischung, lassen es über Nacht wirken und schütten es dann weg.

■ Dampf ablassen

Lassen Sie vor dem Bügeln das Dampfbügeleisen zwei- bis dreimal abdampfen. So können eventuelle Kalkreste herausrieseln.

■ Parfum ins Bügeleisen

Einige Tropfen Ihres Lieblingsparfums ins Wasser des Dampfbügeleisens geträufelt, und die Wäsche duftet herrlich nach Ihnen.

■ Gefahr: Nasser Boden

Achten Sie darauf, dass Sie beim Bügeln nie auf nassem Boden stehen. Das könnte gefährlich werden.

■ Einsprühen mit warmem Wasser

Nehmen Sie warmes Wasser zum Einsprühen der Wäsche. Man kann dann schneller mit dem Bügeln beginnen, da sich warmes

Wasser rascher und gleichmäßiger im Gewebe verteilt.

■ Nickis von links bügeln

Nickipullover bekommen keine Spiegel, wenn Sie sie umdrehen und von links bügeln.

■ Flanell schonen

Schonen Sie ein Kleidungsstück aus Flanell, indem Sie es immer unter einem feuchten Tuch bügeln. Es bekommt dann auch keinen Glanz.

■ Hemden bügeln

Bei Herrenhemden werden immer zuerst Kragen und Manschetten gebügelt, dann die Ärmel, danach die Brust- und Rückenteile. Diese Reihenfolge erspart Ihnen viel unnötige Arbeit. Bei der Knopfleiste: Knöpfe nie überbügeln.

■ Faltenröcke bügeln

Das Bügeln von Faltenröcken wird erleichtert, wenn Sie die Falten vorher mit Büroklammern zusammenheften.

■ Pullis mit Applikation

Paillettenapplikationen auf Pullis und T-Shirts werden nicht beschädigt, wenn man beim Bügeln ein Küchenkrepp-Papier darauf legt.

■ Samt von links bügeln

Damit Schnürlsamt-Hosen keinen Glanz bekommen, bügelt man sie stets von der linken Seite. Eventuell kann man den Stoff von rechts noch etwas aufbürsten.

Kreppstoff

Der Charakter von Kreppstoff bleibt erhalten, wenn man ihn auf einem Frottiertuch bügelt.

Stärkewasser salzen

Das Klebenbleiben gestärkter Wäsche am Bügeleisen kann man vermeiden, indem man dem Stärkewasser etwas Salz zugibt.

Kernseife zur Stärke

Die Wäschestücke lassen sich besonders gut bügeln, wenn Sie zur Stärke ein paar Flocken Kernseife mischen.

Bügeleisen reinigen

Um die Gleitfläche eines verklebten Bügeleisens wieder glatt zu bekommen, kann man das kalte Eisen entweder eine Weile auf ein mit Essig getränktes Tuch stellen und dann damit abreiben oder mit dem heißen Eisen über ein mit Salz bestreutes Stück Papier fahren.

Fleck-
entfernung

■ **Erste Hilfe gegen Flecken**

Erste Hilfe gegen Flecken, wenn man unterwegs ist: Erfrischungstücher. Den Fleck vorsichtig damit betupfen, dann die behandelte Stelle mit klarem Wasser spülen.

■ **Alleskleberflecken**

Aceton entfernt Alleskleberflecken auf Stoffen und Teppichen. Vorsicht aber, dass nicht auch gleich die Farbe des Teppichs oder des Stoffes verschwindet.

■ **Bierflecken**

entfernt man mit einer dünnen Seifenlösung mit etwas Salmiak; klar nachspülen.

■ **Blutflecken**

sofort mit kaltem Salzwasser auswaschen. Niemals warmes Wasser verwenden! Auf dem Teppich: Zuerst mit kaltem Wasser einweichen, dann mit schwacher Ammoniaklösung vorsichtig reiben.

■ **Eiflecken**

auf dem Tischtuch oder der Bluse sofort mit feuchtem Salz oder Essigwasser behandeln, einwirken lassen und später mit kaltem Wasser ausspülen.

■ **Erdbeerflecken**

weicht man vor der normalen Wäsche in heißem Essigwasser ein.

■ **Fettflecken**

Mehl, Talkumpulver oder Meerschaumstaub auf den Fleck streuen. Es saugt das Fett auf. Fettflecken lassen sich im allgemeinen auch herausbügeln, indem man ein Löschblatt (oder Seidenpapier) unterlegt, den Fleck mit Benzin befeuchtet und ein Löschpapier darauf legt und mit dem warmen Eisen darüber bügelt. Sprudelndes Mineralwasser wirkt Wunder beim Entfernen von Fettflecken aus Pullis und Strickkleidern.

■ Ältere Fettflecken

können entfernt werden, indem Sie den Fleck mit einem Geschirrspülmittel abreiben. Anschließend gründlich auswaschen.

■ Fleckenmittel

Wenn nichts mehr gegen einen Fleck hilft, versuchen Sie es mit Zahnpasta: auftragen, eintrocknen lassen und abbürsten.

■ Fleckenränder

nach der Behandlung mit einem Fleckenmittel lassen sich vermeiden, wenn man den behandelten Fleck schnell mit einem Fön trocknet.

■ Grasflecken

dürfen Sie nie mit Wasser behandeln, da sich die Flecken dann noch schwerer entfernen lassen. Bei den meisten Stoffen empfiehlt sich die Behandlung mit 70%igem Alkohol oder verdünntem Salmiakgeist, einwirken lassen und dann erst mit kaltem Wasser nachwaschen.

■ Gulaschflecken

sind zwar hartnäckig, aber nicht unbesiegbar. Etwas Geschirrspülmittel auf ein feuchtes Tuch geben und den Fleck fest abreiben. Eventuell ein paar Mal wiederholen.

■ Heidelbeerflecken entfernt man von den Händen mit Zitronensaft, aus Leinen mit saurer Milch (ca. eine halbe Stunde einweichen), aus Wolle mit Zitrone und aus Seide mit Spiritus. Nachher warm auswaschen.

■ Jodflecken werden befeuchtet und mit rohen Kartoffelhälften abgerieben, wodurch der Fleck dunkler wird. Dann den Fleck so lange mit klarem Wasser behandeln, bis er verschwunden ist.

■ Kaffeeflecken auf der Tischdecke oder der Kleidung: sofort in kaltem Salzwasser einweichen. Sie können den Fleck auch mit Glyzerin betupfen und mit kaltem Wasser ohne Seife ausreiben. Auf dem Teppich: Mineralwasser daraufgießen und trockentupfen, mit Spiritus eventuell nachbehandeln.

■ Kernölflecken auf Tischtüchern oder Kleidern verschwinden ohne chemische Mittel, wenn man sie nass macht und den Stoff dann einige Stunden in die Sonne legt.

■ Kugelschreiberflecken mehrmals mit Brennspiritus abreiben, dann das Kleidungsstück lüften und gründlich ausspülen. Von den Händen bekommt man die Flecken gut mit Zahnpasta weg.

Lippenstiftflecken verschwinden meist mit Wundbenzin. Vorsicht bei empfindlichen Stoffen! Sie können die Flecken auch in Glycerin einweichen, dann den Stoff wie gewohnt waschen.

Make-up-Flecken auf dunkler Kleidung kann man mit Brotschmolle *(Brotkrümeln)* sanft abreiben.

Nagellackflecken können mit Aceton, nicht jedoch mit ölhaltigem Nagellackentferner, beseitigt werden. Vorsicht: Behandeln Sie keinesfalls Acetatfasern mit Aceton, Sie zerstören sonst den Stoff.

Nikotinflecken auf den Fingern sind nicht schön. Durch Abreiben mit Zitronensaft oder auch Margarine bringt man sie zum Verschwinden.

Obstflecken solange sie noch frisch sind, bekommt man sie weg, indem man längere Zeit sehr heißes Wasser darüber laufen lässt. Man kann auch den Stoff sofort in warmer Buttermilch einweichen, dann wie üblich waschen. Bleiben Verfärbungen, Zitronensaft einwirken lassen und kalt nachspülen. Auch eine verdünnte Salmiaklösung hilft.

Parfumflecken sind sehr hartnäckig, besonders auf Seide oder Samt. Wenn man sie jedoch in warmem Glyzerin einweicht und dann mit Seifenwasser nachwäscht, verschwinden sie in vielen

Fällen. Aus Wollstoffen lassen sie sich mit verdünntem Salmiakgeist oder Spiritus entfernen.

■ **Petroleumflecken** lassen sich mit warmem Seifenwasser gut entfernen.

■ **Rostflecken** auf weißen Stoffen verschwinden mit heißem Zitronensaft. Vorsicht bei empfindlichen Textilien! Man kann die Rostflecken aber auch anfeuchten und mit Backpulver einreiben, danach das Wäschestück ganz normal waschen.

■ **Rote-Rüben-Flecken *(Rote-Bete-Flecken)*** sofort kalt auswaschen und über Nacht in kaltem Wasser einweichen. Den Fleck mit unverdünntem Flüssigwaschmittel einreiben und ausspülen. Borax auf den feuchten Fleck geben und – je nach Stoff – mit heißem Wasser übergießen.

■ **Rotweinflecken** dick mit Salz bestreuen; es nimmt die Farbe und die Feuchtigkeit auf. Mit Mineralwasser nachspülen. Frische Rotweinflecken können Sie auch mit Weißwein oder Sekt behandeln, die Weißwein- oder Sektflecken lösen sich dann beim Waschen.

■ **Ältere Rotweinflecken** mit warmem Seifenwasser, dem man Salmiakgeist beimengt, entfernen. Auch Rasierschaum aus der Tube hat sich bewährt:

Schaum auf den Fleck, einwirken lassen, ausspülen.

Rußflecken

dürfen nie feucht behandelt werden. Reiben Sie sie mit weichem weißem Brot ab oder bestreuen Sie sie dick mit Salz, einwirken lassen und dann abbürsten.

Schimmelflecken

verschwinden durch eine Lösung aus 20 Teilen Wasser, 5 Teilen Wasserstoffsuperoxyd und 1 Teil Salmiakgeist. Man kann den nassen Fleck auch mit Zitronensaft begießen und mit Salz bestreuen. Leder bearbeitet man mit gleichen Teilen Wasser und Spiritus. Danach das Leder gut einfetten. Sehr heikles Leder mit frischem Brot abwischen und dann mit einem Wolltuch nachreiben.

Schokoladeflecken

gehen oft bei der gewöhnlichen Wäsche nicht heraus. Dann hilft eine Mischung aus Glycerin und Eigelb. Diese Paste einwirken lassen und dann gründlich warm auswaschen.

Schuhcremeflecken

lassen sich mit Terpentin, Spiritus oder verdünntem Salmiakgeist entfernen.

Schweißflecken

bekommt man mit verdünntem Salmiakgeist, Spiritus oder Essig weg.

Sengflecken

sofort mit Essig- oder Boraxwasser einreiben und mit klarem Wasser nachspülen.

■ **Spinatflecken** mit einem rohen Erdapfel abreiben und mit warmem Seifenwasser nachwaschen.

■ **Teerflecken** mit Butter oder Glycerin einreiben, einwirken lassen und dann auswaschen. Wenn notwendig, mit Benzin nachbehandeln.

■ **Tintenflecken** in heißer Milch einweichen, dann mit warmem Seifenwasser (wenn nötig mit Seifenspiritus) nachwaschen. Tintenflecken auf Möbeln lassen sich mit Rhabarbersaft entfernen.

■ **Wachsflecken** bedeckt man mit einem Löschblatt oder einer Papierserviette und bügelt mit einem warmen Eisen darüber, bis das Wachs aufgesaugt ist, wenn nötig mit Benzin nachreiben. Bei farbigem Kerzenwachs können Flecken zurückbleiben, diese mit Terpentinersatz behandeln.

■ **Wasserflecken** auf Seide: sofort trockenreiben! Andernfalls sieht man die Ränder.

Leder & Schuhe

Fleckiges Leder

Wischen Sie schmutzige Jacken oder Taschen aus glattem Leder mit einem eingeseiften feuchten Tuch ab; nachher trocken wischen.

Vor Sonne schützen

Damit Ihre Ledersachen nicht fleckig werden, dürfen Sie sie nie längere Zeit in der Sonne liegen lassen.

Haarshampoo für Lederhandschuhe

Schmutzige helle Lederhandschuhe zieht man an und wäscht sie in lauwarmem Seifenwasser so, als würde man sich die Hände waschen. Anschließend abspülen und zum Rückfetten einen Schuss Glycerin ins letzte Wasser. Ziehen Sie die Handschuhe aus, blasen Sie Luft in die Finger und hängen Sie sie zum Trocknen auf.

Nasses Leder aufhängen

Wenn Ihre Lederjacke einmal nass geworden ist, sollten Sie diese sofort auf einem Kleiderbügel aufhängen und trocknen lassen (nicht beim Ofen oder bei der Heizung!). Veloursleder anschließend gut aufbürsten. Ist das Leder durch die Nässe hart geworden, kneten Sie es weich.

Lanolin für Glattleder

Glatte Ledersachen bleiben geschmeidig und bekommen keine Risse, wenn man sie mit Lanolin oder Rizinusöl einreibt und dieses eine Weile einwirken lässt. Mit einem weichen Tuch nachpolieren.

Krokodilleder

Krokodilleder sollte man nur selten eincremen, aber nach jeder Benützung mit einem weichen Tuch polieren.

Keine Chemie bei Wildleder

Chemische Fleckenentferner sind bei Wildleder nicht zu empfehlen. Es könnten sich hässliche Ränder um die Flecken bilden und die Farbe verlaufen. Entfernen Sie fettige Stellen am besten mit einem Wildleder-Reinigungstuch.

Speckige Stellen

Speckige Stellen am Rauleder können Sie mit einer feinen Draht- oder Kreppbürste wieder aufrauen.

Mit Haarspray keine Fusseln

Neue dunkle Raulederjacken »färben« gelegentlich ab. Keine Angst, hier handelt es sich nur um feinen Schleifstaub, der bei der Lederverarbeitung entsteht, aber mit der Zeit verschwindet. Wenn Sie das Kleidungsstück ab und zu mit Haarspray behandeln, ersparen Sie sich diesen Ärger.

Weiße Gürtel

Weiße Ledergürtel pflegt man, indem man sie hin und wieder mit Milch abreibt.

*

Mehr Glanz

Glatte Lederschuhe bekommen einen besonders schönen Glanz, wenn man sie nach dem Eincremen mit einem alten Nylonstrumpf poliert.

Leder wird wasserdicht

Glattes Schuhleder wird durch Einreiben mit Rizinusöl wasserdicht und außerdem sehr geschmeidig.

Schuhbänder in Nagellack

Bei Schuhbändern, die sich an den Enden aufgelöst haben, taucht man die gedrehte Spitze in farblosen Nagellack oder Klebstoff. Dann lassen sie sich wieder locker einfädeln.

Reißfeste Bänder

Man kann die Schuhbänder reißfester machen, indem man sie vor dem Gebrauch einige Stunden in essigsaure Tonerde legt.

Schuh färbt innen ab

Färben die Schuhe auf Socken oder Strümpfe ab, wischt man sie innen entweder mit Essig aus oder man sprüht Haarspray hinein.

Billige Spanner

Zusammengerollte Illustrierte sind billige und praktische Stiefelspanner.

Schuhe ausstopfen

Basteln Sie sich Schuhstrecker selbst: Stopfen Sie Zeitungspapier in alte Nylonstrümpfe, und machen Sie in der benötigten Länge einen Knoten. Den restlichen Strumpf schneiden Sie ab.

Schuhcreme eingetrocknet

Schuhcreme in der Dose wird wieder geschmeidig, wenn man sie kurze Zeit auf die Heizung stellt oder ein paar Tropfen Milch oder Terpentinöl in die eingetrocknete Schuhcreme mischt.

Drückt der neue Schuh?

Sind Ihre neuen Schuhe zwar schön, aber zu eng? Streifen Sie einen mit Spiritus befeuchteten Wollstrumpf über einen Schuhspanner, und lassen Sie ihn einen Tag in dem Schuh. Sie können auch Alkohol in die Schuhe gießen, sie sofort anziehen und auf dem Fuß trocknen lassen.

Ferse ausklopfen

Drückt Sie der Schuh an der Ferse, befeuchten Sie das Leder mit Spiritus, und klopfen Sie es mit einem Hammer innen leicht aus.

Nasse Schuhe

Stopfen Sie nass gewordene Schuhe mit Zeitungspapier aus, das saugt die Feuchtigkeit auf, und stellen Sie sie schräg auf. Lehnen Sie die Schuhe niemals an den Ofen oder die Heizung, das macht das Leder hart und brüchig.

Täglich Schuhe wechseln

Man sollte ein Paar Schuhe nur einen Tag lang tragen, damit das Leder vollständig auslüften kann. Ziehen Sie zu Hause den noch warmen Schuh auf einen Spanner, so behält er die Form.

■ Milch für Lackschuhe

Lackschuhe kann man mit Milch, Vaseline oder einer eigenen Lackschuhflüssigkeit behandeln. Mit gewöhnlicher Schuhcreme werden sie blind.

■ Lack bricht in der Kälte

Lackleder mag den Winter nicht. Ziehen Sie daher Ihre Schuhe schon einige Zeit vor dem Weggehen an, dann sind sie von innen vorgewärmt. Das ist wichtig, damit das Lackleder in der Kälte nicht bricht.

■ Brüchige Lackschuhe

Brüchige Lackschuhe spannt man auf einen Leisten und bestreicht sie mit etwas Eiklar.

■ Stumpfes Lackleder

Ihre stumpf oder blind gewordenen Lackschuhe bekommen wieder den alten Glanz, wenn Sie sie mit einer halbierten Zwiebel einreiben und nachpolieren.

■ Absatz lackieren

Absätze an Stöckelschuhen bekommen keine Kratzer und bleiben länger schön, wenn Sie sie ab und zu mit farblosem Nagellack bestreichen.

■ Weiße Absätze

Kratzer und Kerben an den Absätzen weißer Schuhe lassen sich mit Schreibmaschinen-Korrekturflüssigkeit ausbessern.

■ Leinenschuhe wieder schön

Wenn Sie Ihre Leinenschuhe in der Waschmaschine bei 40 °C waschen, bekommen Sie diese ganz sauber. Weiße Leinenschuhe wer-

den wieder schön, wenn man Schlämmkreide mit etwas Milch mischt und dünn auf die Schuhe streicht. Gut eintrocknen lassen.

Nagellack auf Korkabsätze

Damit Absätze und Sohlen aus Kork nicht rissig werden: Vor dem ersten Tragen mit farblosem Nagellack einpinseln.

Wasserdichte Ledersohlen

Bestreichen Sie die Ledersohle Ihrer Schuhe mit Leinöl oder Firnis. Beides macht sie fest und wasserdicht. Dieser Tip ist wirkungsvoller bei schon getragenen Schuhen, weil die Sohle dann saugfähiger ist.

Hässliche Schneeränder

Hässliche Schneeränder an Lederschuhen lassen sich mit Petroleum entfernen. Bei Veloursleder: Seifenschaum auf eine Handbürste geben und fest abbürsten.

Vorsicht bei Imprägniersprays

Veloursleder-Schuhe bleiben länger schön, wenn Sie diese mit einem Imprägnierspray behandeln. Aber Vorsicht! Da die Dämpfe dieser Mittel meist gesundheitsschädlich sind, sollten Sie sie nur im Freien anwenden. Die frisch imprägnierten Schuhe eine Zeitlang am offenen Fenster oder Balkon auslüften lassen!

Gummibürste für Rauleder

Behandeln Sie Ihre Raulederschuhe nach jedem Tragen mit einer Gummibürste. Ältere Schuhe können Sie ab und zu über Wasserdampf halten. Dadurch richtet sich der Flor wieder auf. Anschließend mit einer weichen Bürste bearbeiten.

■ Gummistiefel waschen

Schmutzige Gummistiefel können Sie mit Seifenwasser behandeln, hartnäckige Flecken mit Benzin. Nachher mit Öl einreiben und nachpolieren. Trocknen Sie Gummischuhe nie an der Heizung, da der Gummi brüchig werden kann.

■ Schuhkauf am Nachmittag

Am Morgen sind unsere Füße am kleinsten, daher fallen die vormittags gekauften Schuhe auch meist zu eng aus. Schuhe, die Sie am Nachmittag kaufen, passen sicher besser.

Schmuck

■ Glänzende Edelsteine

Wenn Steine wie Diamanten, Saphire, Rubine, Smaragde ihren Glanz verloren haben, brauchen Sie diese meist nur mit einem weichen Tuch aufzupolieren. Ab und zu kann man sie auch in lauwarmes Seifenwasser mit einigen Tropfen Salmiakgeist legen. Den Schmutz in der Fassung entfernt man vorsichtig mit einer weichen Zahnbürste oder einem Zahnstocher. Unter klarem Wasser abspülen und trocknen lassen.

■ Händewaschen ohne Schmuck

Tragen Sie niemals Ringe und Armbänder beim Händewaschen oder Geschirrspülen. Fett und Chemikalien nehmen Gold, Silber und Edelsteinen das Feuer.

■ Smaragd mag keine Sonne

Smaragde, Opale, Türkise und Lapislazuli sollten Sie beim Sonnenbaden abnehmen. Intensive Sonneneinwirkung verändert die charakteristische Farbe dieser Steine.

■ Kukident für Gold und Platin

Legen Sie Ihren Gold- und Platinschmuck zum Reinigen in ein Glas, in dem Sie eine Kukident-Tablette aufgelöst haben. Einen besonders schönen Glanz erzielen Sie, wenn Sie die Schmuckstücke ab und zu mit Rehleder polieren.

■ Zigarettenasche

Goldketten lassen sich sehr gut mit trockener Zigaretten- oder Zigarrenasche reinigen.

Backpulver putzt Gold

Streuen Sie etwas Backpulver auf einen feuchten Wattebausch und reiben Sie Ketten oder Ringe aus Gold damit ab.

Matter Goldschmuck

Wenn Sie Ihren matt gewordenen Goldschmuck mit Zwiebelsaft einreiben, diesen einige Stunden einwirken lassen und dann mit einem weichen Tuch nachpolieren, glänzt er wie neu.

Knoten in der Kette

Hat Ihr Halsketterl einen Knoten, den Sie nicht und nicht aufbringen, tröpfeln sie etwas Speiseöl darauf und lassen Sie es einwirken. Mit einer Nadel ist der Knoten dann leicht geöffnet.

Silber in Alufolie

Silberschmuck, den Sie wenig tragen, sollten Sie entweder in ein weiches Silberputztuch, in schwarzes Seidenpapier oder in Alufolie einwickeln, dann läuft er nicht an.

Glänzendes Silber

Angelaufener Silberschmuck lässt sich mit Zahnpasta wieder auf Hochglanz bringen. Ebenso kann man natürlich auch mit Silberbesteck verfahren.

Silberbad

Silberketten können Sie wieder ganz sauber bekommen, wenn Sie diese in heißem Kernseifenwasser mit etwas Salmiakgeist baden.

Perlen brauchen Hautkontakt

Perlen sollte man so oft wie möglich tragen. Hautkontakt erhält Farbe und Glanz. Vorsicht, wenn Sie Haarspray oder Parfum benützen. Perlen sofort abwischen.

Säure löst Perlen auf

Perlen dürfen keinesfalls mit Säure in Berührung kommen! Reinigen Sie diese also nicht mit Ammoniak oder Salmiak, sie würden sich sonst auflösen. Legen Sie Perlenketten ein paar Stunden in Seifenflockenlösung, so werden Perlen und Knüpfseide wieder schön.

Glassteine

Glassteine können Sie mit Essigwasser reinigen. Glasschmuck am besten in warmem Seifenwasser.

Glänzender Bernstein

Bernstein sollte man mit warmem Seifenwasser abwaschen, sofort trocknen und nachpolieren. Allerdings darf man den Stein nicht im Wasser liegenlassen, da er sonst trüb wird.

Fleckiger Bernstein

Fettflecken auf Bernstein beseitigt man mit Brotkrumen oder Mandelöl. Bernstein sollte nicht mit Alkohol oder einem anderen Lösungsmittel in Berührung kommen, der Stein wird sonst trübe. Daher Vorsicht bei Haarspray und Parfum!

Vorsicht bei Opalen

Opale brauchen schonende Behandlung. Man darf sie nicht großen Temperaturschwankungen aussetzen, außerdem sind sie sehr zerbrechlich. Bei fortschreitendem Wasserverlust treten Trockenrisse auf. Legen Sie Ihren Opal daher von Zeit zu Zeit in klares Wasser. Beim Händewaschen sollten Sie Ihren Opalring abnehmen, er mag weder Seifen noch Sprays oder Cremes.

Opale reinigen

Opale säubert man, indem man sie über Nacht in ein Schüsserl mit Magnesiumpulver legt. Dann bürstet man den Puder mit einer weichen Bürste weg.

Modeschmuck lackieren

Wenn Sie Ihren Modeschmuck mit farblosem Nagellack überpinseln, verhindern Sie, dass er anläuft und schwarze Spuren auf Haut oder Kleidung hinterlässt.

Falsche Diamanten

Sie können falsche Diamanten von echten unterscheiden, wenn Sie die Steine in klares Wasser legen. Der unechte Stein erscheint darin matt, während der echte nach wie vor strahlt.

Nagellack auf Ohrringe

Unechter Schmuck verursacht manchmal Nickelallergie, die zu entzündeten Ohrringlöchern führen kann. Um das zu verhindern, sollten Sie die Dorne der Ohrringe mit farblosem Nagellack überziehen.

Quarzuhr immer tragen

Wenn Sie eine Quarzuhr tragen, legen Sie diese so selten wie möglich ab. Denn für Quarz ist eine gleichbleibende Temperatur sehr wichtig. Mechanische Uhren sollten Sie hingegen nachts abnehmen, weil die Körperwärme das Öl im Gehäuse schneller verharzen lässt.

Blumen & Garten

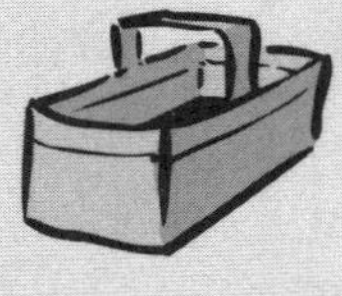

■ Täglich frisches Wasser

Wenn Sie ein Pflanzenfrischmittel ins Wasser gießen, bleibt das Blumenwasser länger frisch. Man braucht es nicht zu wechseln, sondern nur aufzugießen. Ohne Frischhaltemittel sollten Sie das Wasser täglich wechseln.

■ Die Stiele anschneiden

Bevor Sie Ihre Blumen ins Wasser stellen, sollten Sie die Stiele unter Wasser etwas kürzen (und zwar mit einem Messer, nicht mit der Schere!). Weiche Stiele werden gerade, harte schräg abgeschnitten. Entfernen Sie auch die unteren Blätter, die in das Blumenwasser ragen!

■ Stinkendes Blumenwasser

Wenn die Blumenstiele anfangen zu faulen, riecht das Wasser schlecht. Geben Sie ein Stück Holzkohle in die Vase, so verhindern Sie schlechten Geruch.

■ Zucker ins Wasser

Ihre Schnittblumen halten viel länger, wenn Sie dem Blumenwasser etwa einen halben Kaffeelöffel Zucker beimengen oder in die Vase eine Kupfermünze legen.

■ Länger frisch

Wenn die Schnittblumen genügend Platz in der Vase haben, bleiben sie länger frisch. Zudem sollte man sie jede Nacht in einen kühlen Raum stellen.

■ Blumen aus dem Garten

Wenn Sie Blumen aus Ihrem Garten abschneiden, beachten Sie folgendes: Aufgeblühte Blumen schneidet man am Morgen, Blumen in der Knospe am Abend. Auch sollten Blumen für die Vase niemals bei Regen geschnitten werden. Sie verwelken schneller.

Aspirin hilft

Eine Aspirintablette im Blumenwasser aufgelöst, bewirkt, dass sich nicht mehr ganz frische Blumen erholen.

Keine Sonne

Schnittblumen sollten nie direkter Sonnenhitze oder Zugluft ausgesetzt werden.

Bei Hitze besprühen

An heißen Tagen oder in warmen Räumen sollten Sie die Blüten ab und zu mit Wasser ansprühen. Dann lassen sie nicht so schnell die Köpfe hängen.

Schöne Orchideen

Damit Ihre Orchideen länger schön bleiben, sollten Sie diese nie in kaltes, sondern in lauwarmes Wasser stellen.

Tulpenstiele durchlöchern

Bei Tulpen bildet sich öfter ein »Luftpfropfen«, der die Wasserversorgung der Blüten verhindert. Durchbohren Sie daher die Stengel in regelmäßigen Abständen mit einer Nadel, und die Tulpen bleiben länger frisch.

Hängende Tulpen

Tulpen lassen oft nach kurzer Zeit die Köpfe hängen. Stellen Sie die Vase 1 bis 2 Stunden unter eine Lampe, dann richten sie sich von selbst wieder auf.

Feurige Chrysanthemen

Chrysanthemen welken nicht so schnell, wenn man die Stielenden kurz über eine Kerzenflamme hält und sie damit versiegelt.

Blumen nicht neben Obst

Obst sollte nie in unmittelbarer Nähe einer Vase mit Schnittblumen stehen. Das Aroma reifer Früchte bringt einige Blumensorten schneller zum Welken.

Rosen nachts in Badewanne

Rosen halten wesentlich länger, wenn Sie sie jeden Tag ein Stück kürzen, die Stiele am unteren Ende erst schräg, dann auch der Länge nach einschneiden. Über Nacht am besten in die Badewanne legen und mit kaltem Wasser bedecken.

Wenig Wasser für Narzissen

Narzissen als Schnittblumen dürfen nicht zu tief in die Vase gestellt werden, weil sie sonst zuviel Wasser aufnehmen und die Blüten glasig werden.

Narzissen »bluten«

Da die Stengel der Narzissen einen klebrigen Saft absondern, sollten Sie diese einen Tag lang allein im Wasser stehen lassen und nicht mit anderen Blumen mischen. Wenn Sie jedoch die Schnittstellen etwa 5 Minuten lang in heißes Wasser stellen, hört das »Bluten« auf. Das kann man übrigens auch mit anderen Schnittblumen machen, bei denen ein klebrigmilchiger Saft austritt.

■ Flieder in der Vase

Damit sich Flieder länger in der Vase hält, sollten Sie die Rinde ein paar Zentimeter abschälen, das Laub entfernen und die Stiele für einige Minuten in warmes Wasser stellen, erst danach in die Vase geben. Übrigens: Fliederknospen gehen in der Vase nicht auf.

■ Palmkätzchen leben ohne Wasser länger

Damit Sie von Ihrem Osterbaum länger etwas haben, darf man die Palmkätzchen nicht in eine Vase mit Wasser stellen, weil sie sonst sehr schnell gelb werden.

*

■ Abgestandenes Gießwasser

Regenwasser ist für die Pflanzen am besten. Abgestandenes Mineralwasser eignet sich ebenfalls hervorragend zum Gießen. Leitungswasser sollte man, besonders für empfindliche Pflanzen, vor dem Gießen über Nacht im Zimmer stehenlassen. Dann hat es Zimmertemperatur erreicht, und ein Teil des Chlors ist entwichen.

■ Nicht zu viel gießen

Gießen Sie Ihre Pflanzen nur dann, wenn es nötig ist, d. h., wenn die Erde trocken ist. Zu vieles Gießen schadet den Pflanzen und führt zur Versäuerung der Erde. Auch das Wasser, das sich ungefähr eine halbe Stunde nach dem Gießen in den Untersätzen gesammelt hat, muss weggeschüttet werden.

■ Katzenstreu in den Topf

Damit Topfpflanzen nach dem Gießen nicht im Wasser stehen, geben Sie ein bisschen Katzenstreu in den Übertopf. Das überschüssige Wasser wird auf diese Weise aufgesaugt.

■ Wasser aus Aquarium

Das Wasser aus dem Süßwasser-Aquarium beim Wechseln nicht wegschütten! Es eignet sich hervorragend zum Gießen und Düngen Ihrer Zimmerpflanzen.

■ Vitamine für die Pflanzen

Schütten Sie das Wasser, in dem Sie Erdäpfel oder Eier gekocht haben, nicht wegl Es enthält sehr viele Nährstoffe, die Sie als Gießwasser Ihren Pflanzen zuführen können.

Kaffeesatz als Dünger

Kaffeesatz, Holzasche oder Teesatz von russischem Tee ist ein guter Dünger für Zimmerpflanzen. Mischen Sie diese Wundermittel ab und zu unter die Erde, und die Blumen werden üppig gedeihen.

Düngen mit Eierschale

Werfen Sie Eierschalen nicht weg. Zerdrückt oder gemahlen sind diese als kohlensaurer Kalk ein guter Zusatzdünger für alle Topf- oder Balkonpflanzen. Für Gießwasser sammeln Sie die Eierschalen am besten in einem großen Glas, füllen Sie es mit Wasser auf und lassen es ca. 14 Tage stehen. Oder aber Sie mischen die klein zerdrückten Eierschalen direkt mit der Pflanzenerde.

Mit Germ *(Hefe)* düngen

Aufgeweichte Backgerm eignet sich auch gut als Dünger. Sie lässt Topfpflanzen schneller und üppiger wachsen.

Zu trockene Luft schadet

Zu trockene Luft im Winter, durch die Zentralheizung verursacht, schadet den Pflanzen. Haben Sie keinen Luftbefeuchter, kann man die Pflanzen morgens und mittags übersprühen oder die Pflanzen in Gruppen zusammenstellen. So profitieren sie von der erhöhten Luftfeuchtigkeit, hervorgerufen durch die Blumenerde und die Blätter der umgebenden Pflanzen.

■ Viel Licht, keine Sonne

Die meisten Zimmerpflanzen brauchen viel Licht, darum sollten Sie die Töpfe so nahe wie möglich ans Fenster stellen. Direkte Sonne jedoch kann die Blätter verbrennen.

■ Neue Töpfe einwässern

Blumentöpfe müssen luftdurchlässig sein. Daher dürfen Sie Tontöpfe auch nie lackieren! Neue Tontöpfe legt man vor dem Gebrauch einige Stunden ins Wasser, damit sich die Poren füllen. Andernfalls würden sie der Erde zuviel Wasser entziehen. Die Papiermanschetten, die beim Blumenhändler umgebunden werden, bitte bald entfernen.

■ Weg mit den Kalkrändern

Wenn Ihre Tontöpfe unansehnliche weiße Kalkränder haben, legen Sie diese, bevor Sie wieder Erde hineingeben, einen Tag lang in Essigwasser und lassen sie trocknen.

■ Übertopf größer

Blumentöpfe müssen mindestens so groß sein, dass zwischen Topf und Übertopf ein fingerbreiter Luftpolster bleibt.

■ Umtopfen im Februar/März

Man sollte am besten im Februar oder März umtopfen, kurz bevor die neue Wachstumsperiode beginnt. Im Winter ruhen die Pflanzen und würden sich nicht in der neuen Blumenerde einwurzeln. Der neue Topf sollte immer nur geringfügig größer sein als der alte.

■ Blätter abwischen

Vergessen Sie nicht, ab und zu die Blätter Ihrer großblättrigen Zimmerpflanzen mit einem weichen, trockenen Tuch abzustauben, denn Blumen atmen durch die Blätter. Staub verstopft die feinen Poren.

■ Glanz mit Bier

Wischen Sie die Blätter Ihrer Pflanzen gelegentlich mit verdünntem Bier ab, dann glänzen sie besonders schön.

■ Verblühtes weg

Damit die Zimmerpflanze wieder neue Triebe ansetzen kann, muss man welke Blüten und Blätter immer entfernen.

■ Knochenreste in den Topf

Die untere Öffnung des Blumentopfes bedeckt man am besten mit Knochenresten oder zerdrückten Eierschalen, weil die Pflanze daraus noch wichtige Nährstoffe ziehen kann.

■ Tannenzapfen als Hygrometer

Ausgewachsene Tannenzapfen sind ein immer funktionierendes Hygrometer. Sie reagieren auf veränderte Luftfeuchtigkeit, ehe wir Menschen das noch merken. Man hängt sie an einer mit Öl getränkten Schnur außen vor dem Fenster auf. Ist Regen oder Schnee zu erwarten, ziehen sich die Schuppen zusammen, je schöneres Wetter in Aussicht ist, desto mehr öffnen sie sich.

■ Ableger unter Käseglocke

Wenn Sie die Ableger Ihrer Zimmerpflanzen in einem Glas einwassern und unter eine

Käseglocke stellen, entwickeln sie sich wesentlich besser, weil sie bei hoher Luftfeuchtigkeit gleichzeitig vor Zugluft geschützt sind.

■ Wasserbad belebt

Ist eine Ihrer Topfpflanzen einmal stark ausgetrocknet, stellen Sie diese so lange in einen passenden Kübel mit Wasser, bis sich keine Luftbläschen mehr bilden. Dann ist die Erde gut durchfeuchtet.

■ Knoblauch gegen Läuse

Eine Knoblauchzehe, in die Erde Ihrer Topf- oder Balkonpflanzen gesteckt, vertreibt Blattläuse.

■ Streichholz gegen Erdflöhe

Um Erdflöhe Ihrer Zimmerpflanze zu vertreiben, stecken Sie einige Streichhölzer mit den Schwefelköpfen in die Erde.

■ Teesud gegen Fliegen

Wenn lästige kleine Fliegen Ihre Zimmerpflanzen umkreisen, sollten Sie Blätter von gekochtem Tee auf die Erde streuen. Nach kurzer Zeit sind Sie die Insekten los.

■ Blumengießen im Urlaub

Wenn Sie niemanden haben, der Ihnen die Blumen gießt, während Sie auf Urlaub sind, stellen Sie am besten einen Kübel Wasser auf den Tisch und rings um den Tisch die Blumentöpfe auf den Fußboden. Vom Wasserkübel aus gehen in jeden Blumentopf einzelne (stärkere) Wollfäden, die automatisch so viel Wasser zu den Blumentöpfen leiten, wie nötig ist.

■ Tropische Pflanzen

Zimmerpflanzen, die aus tropischen Wäldern stammen, vertragen keine pralle Mittagssonne. Viele von ihnen gehen am Südfenster ein.

■ Gummibaum braucht viel Licht

Der Gummibaum liebt einen hellen Standort, aber keine Sonne. Im Sommer kann man ihn auch ins Freie stellen. Stehen große Pflanzen zu tief und dunkel am Boden, sterben die unteren Blätter oft durch Lichtmangel ab. Kleine Blattbildung zeigt Nahrungsmangel an. Im Winter bevorzugen Gummibäume ein ungeheiztes Zimmer. Hängende Blätter deuten auf zuviel Wärme.

■ Milch bringt Glanz

Die alten Blätter von Gummibäumen sollte man gelegentlich mit einem feuchten Tuch abwischen, um Staub und eventuell Ungeziefer zu entfernen. Ab und zu können Sie sie mit Milch abreiben. Dadurch bekommen sie einen schönen Glanz, und die Pflanzen bleiben gesund.

■ Gummibaum verliert Blätter

Wenn der Gummibaum Blätter verliert, sollte man direkt über der Bruchstelle mit einer Rasierklinge eine kleine Kerbe schneiden. Es bildet sich dann dort bald ein neues Blatt.

Empfindliches Usambaraveilchen

Das Usambaraveilchen braucht einen warmen, hellen, aber nicht sonnigen Standort; es verträgt keine Zugluft. Die Blätter sind sehr empfindlich gegen Gießwasser, deshalb sollten Sie am besten immer nur Wasser in den Übertopf oder unter die Blätter gießen.

Blühende Pflanzen

Blühende Zimmerpflanzen brauchen viel Wasser, aber nicht unbedingt »nasse Füße«. Wenn sich nach einer halben Stunde noch Wasser im Übertopf befindet, sollten Sie es wegschütten.

Giftige Dieffenbachie

Diese Zimmerpflanze braucht viel Wärme und Luftfeuchtigkeit. Sie liebt einen hellen, aber keinen sonnigen Standort. Die Pflanze ist giftig, also Vorsicht bei Kindern!

So blühen Azaleen wieder

Azaleen brauchen sehr helles Licht, aber keine direkte Sonnenbestrahlung. Zu große Wärme und trockene Luft bewirken Laubabfall und verhindern die Blüte. Während der Blütezeit braucht die Azalee sehr viel Wasser. Es empfiehlt sich daher, den Topf alle 4 Tage völlig unter Wasser zu stellen, damit sich die Erde restlos mit Feuchtigkeit vollsaugen kann. Nach den Eismännern stellt man sie auf den Balkon oder in den Garten an einen halbschattigen Platz. Ein- bis zweimal pro Woche gießen. Im Herbst wieder hereinholen, kräftig gießen. Die Wiederblüte wird erleichtert, wenn man sie im Winter einige Tage in einen kalten Raum stellt. Die Kälte stimuliert die schlummernden Knospen zum Sichöffnen. Bringt man die Pflanze dann wieder in eine Umgebung mit einer höheren Temperatur, wird sie bald und reichlich blühen.

■ Weihnachtsstern mag es hell

Der Weihnachtsstern braucht es sehr hell; die Pflanze verträgt auch direkte Besonnung, außer in den heißen Sommermonaten. Im Winter braucht sie niedere Temperaturen, weil sie sonst ihre Blätter verliert. Nach der Blütezeit kann man das Gießen für einige Zeit fast ganz einstellen, weil die Pflanze eine Ruhezeit nötig hat, sie sollte dabei auch stark zurückgeschnitten werden. Erst wenn die neuen Triebe erscheinen, kann mit dem Gießen wieder begonnen werden. Da es sich um eine Kurztagespflanze handelt, braucht der Weihnachtsstern im November mindestens 13 Stunden absolute Dunkelheit, da sonst keine zweite Blüte zu erwarten ist.

■ Abgekochtes Wasser für Hortensien

Hortensien im Topf brauchen viel Wasser, das immer abgestanden oder abgekocht sein muss, da diese Pflanzen sehr kalkempfindlich sind. Wenn die Hortensie sehr trocken ist, sollten Sie den ganzen Topf eine Viertelstunde in einen Kübel mit abgestandenem Wasser stellen.

■ Ruhezeit für Weihnachtskaktus

Den Weihnachtskaktus nur von März bis Juni düngen und feucht halten. Im Juli/August sollte man ihn ruhen lassen. Das heißt, nur noch wenig gießen und nicht düngen. Am besten stellt man ihn über die Sommermonate ins Freie.

■ Ausmalen schadet den Pflanzen

Wenn Sie Ihre Wohnung neu ausmalen oder tapezieren, müssen Sie Ihre Pflanzen mindestens 14 Tage fernhalten. Auch beim Verkleben neuer Teppichböden entwickeln sich Dämpfe, die den Blumen schaden.

*

Hecken gerade schneiden

Um Hecken gerade verlaufend stutzen zu können, zieht man in der gewünschten Höhe waagrecht von einem Ende zum anderen eine Schnur. Die Seiten der Hecken müssen konisch verlaufen. Oben schmäler, unten breiter, damit genug Licht ins Innere gelangt.

Scharfe Heckenschere

Heckenscheren müssen immer scharf sein, da durch stumpfe Klingen die Zweige ausgefranst werden. Das weitere Wachstum wird gehemmt, und es entstehen unschöne Löcher.

Bäume pflanzen

Wenn Sie starkwüchsige Bäume (Nuss, Trauerweide usw.) zu nah ans Haus pflanzen, könnten eines Tages die Wurzeln das Fundament beschädigen. Setzen Sie die Bäume auch nicht in die Nähe von anderen Gartenpflanzen. Später nehmen sie diesen Licht und Nährstoffe weg.

Holzasche als Dünger

Schütten Sie Holzasche aus Ihrem Kachelofen oder offenen Kamin nicht achtlos in den Müllsack, sondern streuen Sie diese im Garten auf Ihre Beete. Holzasche ergibt einen guten Dünger und schützt viele Pflanzen vor Ungeziefer und Schnecken. Kohlenasche dagegen ist dafür ungeeignet.

Lavendel

Lavendel, zwischen Rosen gepflanzt, vertreibt Blattläuse.

■ Zigarettenasche gegen Blattläuse

Zigaretten- und Zigarrenasche vertreibt Blattläuse, wenn man die Blumenerde rund um die Pflanze damit bestreut. Noch wirksamer ist es, wenn Sie aus Tabakresten einen Sud kochen, ihn abkühlen lassen und filtern. Die Flüssigkeit sprühen Sie auf die Pflanzen, die Blattläuse verschwinden, die Pflanzen nehmen keinen Schaden.

■ Maulwurfshügel

Ärgern Sie sich nicht über die Maulwurfshügel in Ihrem Garten. Diese Erde, mit etwas Komposterde und Torfmull vermischt, eignet sich hervorragend für Ihre Blumenkästen und Blumentöpfe.

■ Keine Erde aus dem Wald

Bringen Sie keine Erde und kein Laub aus dem Wald auf Ihre Rosenbeete. Sie können Ihre Pflanzen mit Schleimpilzen infizieren, die Sie dann durch keine Spritzmittel mehr loswerden.

■ Kompostieren ganz einfach

Komposterde ist die beste Erde für Blumen- und Gemüsebeete. Suchen sie sich eine schattige Ecke für Ihren Komposthaufen. Auf diesem wirft man alle Abfälle aus Haus und Garten.

• Haare, Gemüseabfälle, Obstreste, Mist von Kleintieren, Kaffeesatz samt Filter, Teeblätter, Eierschalen, Asche gehören ebenso auf den Kompost wie Laub oder Gras. Dazwischen immer eine Schicht Astwerk geben. Nur Gras oder nur Laub verfault und ergibt keinen Kompost.

Nicht auf den Kompost

• Zitrusfrüchte oder gespritztes Obst! Die chemisch behandelten Schalen überstehen den Verrottungsprozess.
• Von Schädlingen befallene Pflanzenteile
• Verschimmelte Lebensmittel
• Fleischknochen
• Unkraut spätestens während der Blüte ausreißen. Unkrautsamen hat am Komposthaufen nichts zu suchen.

Paradeiser *(Tomaten)* gedeihen

Paradeiser *(Tomaten)* sollten Sie im Gegensatz zu anderen Gemüsepflanzen Jahr für Jahr am selben Standort pflanzen. Vergessen Sie aber nicht, nachzudüngen! Obwohl Paradeiser zu den sonnenhungrigsten Pflanzen zählen, reifen sie sogar in witterungsmäßig ungünstigen Jahren im Topf auf Balkon oder Terrasse recht gut.

Keine Erbsen zu Fisolen *(grünen Bohnen)*

Nicht alle Gemüsepflanzen vertragen sich beim Wachsen miteinander. Erbsen, Fisolen und Zwiebeln beispielsweise darf man nicht in unmittelbarer Nähe pflanzen. Karotten, Radieschen und Gurken in der Nachbarschaft fördern sogar den Ertrag.

Keine Fliegen

Wenn Sie die lästigen Fliegen stören, pflanzen Sie im Frühjahr auf dem Balkon Paradeiser, Pfefferminze oder Lavendel – das hält sie den Sommer über fern.

■ Schönere Pfingstrosen

Pfingstrosen gedeihen am besten in lehmiger, humusreicher Erde. Lockern Sie vor dem Pflanzen die Erde bis zu 40 cm Tiefe auf und bedecken Sie den Wurzelballen mit 5 cm Erde. Lassen Sie die Pfingstrosen immer am selben Standort, weil sie dann von Jahr zu Jahr schöner werden.

■ Neue Rosen zu den alten

Pflanzen Sie niemals neue Stöcke in kümmerlich entwickelte Rosenbestände, denn der Boden ist meist schon zu verbraucht. In diesem Falle müssten Sie einen Erdaustausch vornehmen.

■ Oleander braucht Wärme

Oleander braucht Sonne und Wärme. Daher gedeiht er besonders gut an südseitig gelegenen Balkonen und Terrassen. Tägliches Gießen ist unbedingt notwendig, auch sollte der Oleander bis Mitte August einmal in der Woche gedüngt werden. Da diese Pflanze höhere Temperaturen braucht, stellt man sie in kühlen und regnerischen Sommermonaten besser in die Wohnung.

■ Schildläuse bekämpfen

Gegen die hartnäckige Schildlausplage gibt es ein wirksames Hausmittel: Brennspiritus. Unverdünnt in einen Zerstäuber füllen und die mit Schildläusen befallen Pflanzen damit besprühen – möglichst im Freien oder am offenen Fenster! Brennspiritus verdunstet sehr schnell. Damit entsteht Kälte, die Schädlinge und Brut tötet.

■ Größere Himbeeren

Himbeeren bekommen kleine Früchte, wenn der Boden in der wichtigen Zeit zwischen Blüte und Ernte nicht feucht genug ist. In dieser Zeit ist der Wasserbedarf sehr hoch.

■ Fuchsien im Haus überwintern

Regelmäßiges Gießen ist bei den Fuchsien wichtig. Alles Verblühte muss entfernt werden. Einmal in der Woche düngen. An einem halbschattigen bis schattigen Plätzchen gedeihen sie am besten, sie vertragen keine direkte Sonne. Fuchsien müssen im Haus an einem hellen, kühlen Ort überwintern.

■ Geranien lieben die Sonne

Geranien und Pelargonien sollte man reichlich gießen und einmal in der Woche während der Blütezeit düngen. Sie lieben Sonne, gedeihen aber auch im Halbschatten und blühen bis in den Spätherbst hinein. Hängepelargonien eignen sich nicht für windige Ecken. Zur Überwinterung schneidet man sie im Herbst zurück und stellt sie in einen hellen, luftigen Keller.

■ Begonien haben es gern feucht

Die Begonien lieben einen gleichmäßig warmen, nicht zu sonnigen Standort, sind jedoch sehr empfindlich gegen Zugluft. Während der Blütezeit müssen sie immer gut feucht gehalten und einmal wöchentlich gedüngt werden. Über den Winter stellen Sie sie an einen hellen Platz im Haus, gießen mäßig und düngen alle 14 Tage.

■ Mehltau auf Begonien

Besonders die Knollenbegonien werden in feuchten Sommern gern vom Mehltau befallen. Es empfiehlt sich daher, sie so zu gießen, dass die Blätter nicht benetzt werden, um die Vermehrung des Mehltaupilzes nicht zu fördern.

■ Schöner Margeritenbaum

Margeritenbäumchen sind wunderschön, aber ein bisschen heikel. Der ideale Standort ist extrem sonnig und windgeschützt. Abgeblühte Blüten wegschneiden, damit sich keine Samen bilden. Überwintern können Sie die Pflanze im Keller oder im Stiegenhaus. Es muss hell, kühl und nicht zu trocken sein. Bevor sie im Frühling austreiben, sollte man sie zurückschneiden und umtopfen. Im Sommer brauchen die Margeritenbäume sehr viel Wasser, im Winter sparsam, aber regelmäßig gießen.

■ Knoblauch gegen Wühlmäuse

Wühlmäuse im Garten vertreibt man durch Einpflanzen von Knoblauch, Schwarzer Johannisbeere oder Wolfsmilch. Ein wirksames Mittel ist es auch, die Gänge mit Knoblauchzehen oder Knoblauchkraut zu verstopfen.

■ Backpulver gegen Ameisen

Ameisen gehören zu den nützlichen Insekten in unseren Gärten. Werden sie aber zur Plage, kann man an Bäumen z. B. einen dicken Schlämmkreidering anbringen oder auf Beeten Holzasche streuen. Eine Ameisenstraße können Sie auch mit Backpulver oder Zitronenschalen unterbinden.

■ Ärger mit Unkraut

Wenn Sie das Unkraut, das zwischen Steinplatten herauswächst, stört, können Sie dieses mit kochend heißem Salzwasser übergießen.

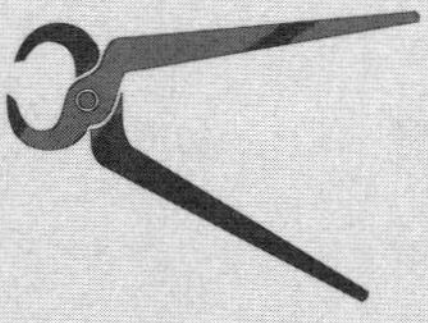

Selbst ist die Frau

■ Nägel ins Holz schlagen

Holz spaltet sich nicht so leicht, wenn man dem Nagel mit einem Hammerschlag die Spitze abstumpft oder ein Stück Klebeband über die Nagelstelle klebt.

■ »Dübelzieher«

Festsitzende Dübel lassen sich problemlos mit einem Korkenzieher herausdrehen.

■ Löcher in Fliesen bohren

Damit die Fliese beim Bohren von Löchern nicht so leicht springt, sollten Sie ein Klebeband über die Bohrstelle kleben und mit einem Nagel das Loch etwas anschlagen, bis die Glasur weg ist.

■ Flaschenhals abschneiden

Zum Glasschneiden brauchen Sie nicht unbedingt einen Glasschneider. Tränken Sie einen Wollfaden mit Terpentin und binden ihn um die gewünschte Schnittlinie. Dann zünden Sie den Faden an und sobald er abgebrannt ist, wird das noch heiße Glas in kaltes Wasser getaucht. Das Glas springt glatt ab.

■ Pinnwand überziehen

Ist Ihre Kork-Pinnwand unansehnlich geworden, überziehen Sie diese einfach mit Tapetenresten der Wand, an der sie hängen soll.

■ Bombenfeste Schrauben

Schrauben sitzen bombenfest in Möbelstücken aus Holz, wenn Sie sie vor dem Einschrauben dünn mit Leim oder Klebstoff bestreichen.

Rostfreie Schrauben

Eisenschrauben sollten Sie vor dem Einschrauben mit einer Mischung aus Schmieröl und Graphitpulver bestreichen. So bleiben die Schrauben lange rostfrei und lassen sich nach Jahren noch leicht herausdrehen.

Lockerer Haken

Sitzt eine Schraube oder ein Haken zu locker, wickeln Sie einfach einen Nähfaden um das Gewinde. Zum Schluss noch ein wenig Klebstoff darauf, und die Schraube hält wieder fest.

Schraubenzieher

Damit Sie mit dem Schraubenzieher bei der Arbeit nicht immer wieder abrutschen, sollten Sie die Kante mit Kreide einreiben.

Eingerostete Nägel

Wenn Sie eingerostete Schrauben oder Nägel nicht herausbringen, erhitzen Sie den Schraubenzieher oder betupfen Sie das hartnäckige Ding mit Petroleum.

Zahnpasta ins Loch

Mit einer weißen Zahnpasta kann man wunderbar Löcher oder kleine Risse in einer weißen Wand überdecken.

Dauerhafte Schrift

Bleistiftschrift kann nicht mehr ausradiert werden, wenn man sie mit Magermilch überpinselt.

Glyzerin auf Stempelkissen

Wenn man eingetrocknete Stempelfarben auf dem Kissen mit ein wenig Glyzerin bestreicht, kann man es wieder verwenden. Dadurch wird nämlich Feuchtigkeit angesaugt und die Farbe gelöst.

■ Rostiges Werkzeug

Rostiges Werkzeug wird wieder brauchbar, wenn man es in Petroleum einweicht und dann mit Zeitungspapier nachputzt.

■ Zusammengeklebte Briefmarken

Zusammengeklebte Briefmarken lassen sich spielend wieder trennen, indem man sie a) unter ein durchsichtiges Papier legt und mit einem heißen Eisen darüber bügelt oder b) ins Tiefkühlfach legt.

■ Marken ablösen

Wenn man die Innenseite des Briefumschlages oder des jeweiligen Papieres anfeuchtet, lösen sich die Briefmarken.

■ Eiklar, der Superkleber

Selbst über Wasserdampf lässt sich eire Brief nicht öffnen, wenn Sie das Kuvert mit flüssigem Eiklar verschließen.

■ Tinte verdünnen

Eingedickte Tinte kann man mit etwas Essig verdünnen. Verwenden Sie niemals Wasser, das würde die Tinte dünn und unbrauchbar machen.

■ Klumpige Farbe

Klumpig gewordene Farbe wird wieder verwendbar, wenn Sie sie durch einen Nylonstrumpf sieben. Die Rückstände bleiben im Strumpf.

■ Das Bild hängt schief

Wenn ein Bild immer wieder verrutscht, so tragen Sie ein beidseitiges Klebeband auf die Rückseite der unteren Rahmenecken auf und drücken Sie das Bild fest an die Wand.

■ Erdäpfelschalen *(Kartoffelschalen)* in den Ofen

Getrocknete Erdäpfelschalen erhalten die Glut länger im Ofen. Außerdem löst sich durch das Verbrennen der Schalen der Ruß, der sich im Ofen und im Rohr festgesetzt hat.

■ Waschpulver auf Öl

Auf ausgeronnenes Heizöl im Keller oder Wagenöl in der Garage streut man Waschpulver oder Katzenspreu. Es wird dadurch vollkommen aufgesaugt und kann dann mit einem Besen entfernt werden.

■ Tropfender Wasserhahn

Stört Sie das tropfende Geräusch, bis der Installateur kommt? Dann binden Sie einen Wollfaden an den Wasserhahn, und der Tropfen rinnt lautlos, dem Faden entlang, in den Abfluss.

■ Schmutziger Radiergummi

Einen verschmutzten Radiergummi, der schmiert, bekommt man wieder sauber, wenn man ihn über feinem Sandpapier reibt oder mit einer groben Nagelfeile behandelt.

■ Kerze zu dick?

Ist die Kerze zu dick für Ihren Kerzenhalter, tauchen Sie das untere Ende in sehr heißes Wasser. Danach lässt sie sich leicht einpassen und formen.

Verstaubte Kerzen

Verstaubte oder schmutzige Zierkerzen bekommt man mit einem in Benzin oder Alkohol getränkten Wattebausch wieder sauber.

So bricht Kerze nicht

Beim Aufsetzen auf den Dorn des Kerzenhalters brechen Kerzen leicht. Wenn Sie den Dorn mit einem Feuerzeug erhitzen und dann erst die neue Kerze aufsetzen, kann das nicht passieren.

1 cm Docht

Der Docht einer Kerze sollte nicht länger als 1 cm sein und gerade stehen, damit sie gleichmäßig abbrennt. Wenn Sie etwas Salz um den Docht streuen, brennt die Kerze langsamer.

Kerzen ins Gefrierfach

Christbaumkerzen tropfen nicht und brennen wesentlich länger, wenn man sie vor dem Anzünden einige Stunden ins Gefrierfach gibt oder ca. 1 Stunde in Salzwasser legt und dann an der Luft trocknen lässt.

Leuchter voll Wachs

Ist Ihr Kerzenleuchter schon voll mit Wachs, legen Sie ihn ein paar Stunden ins Tiefkühlfach. Danach können Sie das Wachs leicht ablösen.

Kerzenreste entfernen

Mit einem Korkenzieher lassen sich selbst hartnäckige Kerzenreste aus dem Kerzenhalter drehen.

■ Vergoldeter Trockenstrauß

Vergilbte Trockensträuße kann man verschönern, indem man sie mit Gold- oder Silberlack besprüht. Strohblumen halten länger, wenn man sie mit Haarspray übersprüht.

■ Alte Tapeten entfernen

Alte Tapeten lassen sich mühelos entfernen, indem man sie mit lauwarmem Wasser bestreicht, in das ein Spritzer Geschirrspülmittel gegeben wird.

■ Tapete ankleben

Lockere Tapeten können Sie mit einer Einwegspritze nachkleben, indem Sie diese mit Tapetenkleister füllen, durch die Tapete stechen und den Klebstoff hinter die lose Stelle spritzen.

■ Eischale als Trichter

Wenn Sie keinen Trichter zur Hand haben, aber Parfum in den Zerstäuber füllen wollen, dann verwenden Sie doch die Schale eines Eies, in das Sie mit einer dicken Stricknadel ein Loch bohren.

■ Scheren schleifen

Stumpfe Scheren »schleift« man, indem man mehrmals feines Schmirgelpapier durchschneidet.

■ Tube öffnen

Lässt sich eine Tube nicht öffnen, halten Sie sie ein paar Sekunden mit dem Hals unter heißes Wasser. Das bewährt sich auch bei Tuben, die Klebstoff enthalten, oder Nagellackfläschchen.

■ Alkohol für Spielkarten

Schmutzige Spielkarten werden wieder sauber, wenn man sie mit Alkohol abreibt und einem weichen Tuch trockenwischt.

■ Münze im Automaten

Rutscht ein Geldstück in einem Automaten immer wieder durch, braucht man es nur anzufeuchten, und es klappt.

■ Angelaufene Brillengläser

Damit Brillengläser nicht anlaufen, sollte man sie ab und zu mit Glyzerin einreiben und dann mit einem weichen Brillenputztuch polieren.

■ Saubere Brillen

Mit Wasser und Geschirrspülmittel bekommt man Brillengläser wieder schön sauber. Auch Erfrischungstüchter eignen sich gut zum Reinigen von Augengläsern und Lupen.

■ Feile reinigen

Nagelfeilen lassen sich leicht reinigen, indem man sie der Länge nach mit einem Klebeband oder Leukoplast überklebt, den Streifen fest andrückt und dann abzieht.

■ Schmutziges Telefon?

Der Schmutz an Telefonapparaten ist oft recht hartnäckig, besonders zwischen den Wähltasten. Ein Erfrischungstüchlein eignet sich hervorragend für die Reinigung, da man mit diesem überall hinkommt.

■ Schublade klemmt

Wenn Ihre Schublade klemmt oder quietscht (vor allem bei älterem Holz), schafft das Einreiben der gleitenden Teile mit Seife oder Talkum schnell Abhilfe.

■ Spray ist nicht Spray

Sprühdosen sind praktisch, keine Frage. Nun wissen wir leider, dass die dabei verwendeten Treibgase (chlorierte Fluorkohlenwasserstoffe) die schützende Ozonschicht der Erde ruinieren. Es gibt allerdings auch Sprays, die mit harmlosem Kohlendioxid (CO_2) oder durch Luftpumpen betrieben werden. Wenn Sie also die Wahl haben, kaufen Sie diese.

■ Schwache Batterien

Schwache Batterien erholen sich kurzfristig, wenn man sie ca. eine halbe Stunde auf einen warmen Heizkörper legt.

■ Weg mit den Etiketten

Flaschenetiketten löst man, indem man sie gut befeuchtet und dann über eine Flamme hält. Hartnäckige Reste von Papieraufklebern kann man mit etwas Fettcreme entfernen: eine Weile einziehen lassen, dann mit einem Tuch abreiben.

■ Mit Fön gegen Aufkleber

Aufkleber, die schlecht von der Scheibe, vom Auto oder auch von Möbelstücken abgehen, bläst man mit einem heißen Fön an. Sie lassen sich dann sehr gut abziehen.

■ Blumentopf für die Asche

Aschenbecher sind auf einer Gartenparty häufig Mangelware. Einfache Blumentöpfe, mit Alufolie umwickelt und halb mit Sand gefüllt, sind eine gute Lösung.

Billige Poolpflege

Schmutzränder an Schwimmbädern lassen sich mit einem einfachen Haarshampoo entfernen, es ist preiswerter als Spezialreinigung.

Reise

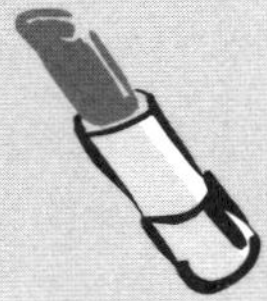

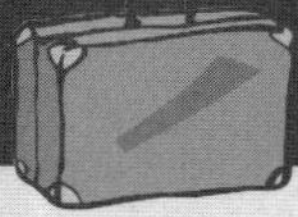

Plisseeröcke knittern nicht

So erhalten Sie die Falten an Plisseeröcken aus Chemiefasern: Schneiden Sie an alten Strumpfhosen Füße und Hose ab, und ziehen Sie den Plisseerock durch den Strumpf. So lässt sich der Rock im Koffer gut transportieren.

Heikles im Koffer

Heikle Kleider, Sakkos, Leinenjacken oder Baumwoll- bzw. Seidenblusen sollten im Koffer sorgfältig zusammengelegt und mit Seidenpapier zugedeckt werden. So verdrücken sich die Kleidungsstücke nicht so sehr. Es gibt auch ein extra für diesen Zweck vorgesehenes Hutpackpapier.

Schuhbeutel aus Strümpfen

Werfen Sie ausgediente Strümpfe nicht weg, sie lassen sich noch gut zu praktischen Schuhbeuteln umfunktionieren, indem Sie diese in Kniehöhe abschneiden und die Schuhe hineinstecken. So können Sie verhindern, dass Ihre Kleider im Koffer schmutzig werden.

Kleiderbügel mitnehmen

In fast allen Hotels gibt es im Zimmer zu wenige Kleiderhaken. Vergessen Sie also nicht, einige Bügel auf die Reise mitzunehmen. Am besten sind zusammenlegbare Reisekleiderbügel.

Passende Stecker

Wenn Sie im Urlaub Elektrogeräte verwenden wollen (Haarfön, Bügeleisen usw.), soll-

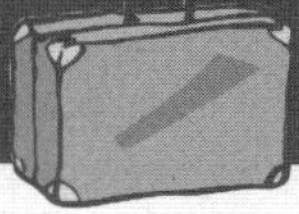

ten Sie sich ein Stecker-Set besorgen, weil die Anschlüsse in den verschiedenen Ländern und Erdteilen unterschiedlich sind. Nehmen Sie unter Umständen auch ein Verlängerungskabel mit.

■ Stärkere Glühbirne

Falls Sie mehr Licht zum Lesen oder für Ihr Make-up benötigen, nehmen Sie sicherheitshalber eine stärkere Glühbirne mit.

■ Dampf statt Bügeln

Hängen Sie Ihre zerknitterten Kleider im Badezimmer auf, während Sie duschen oder baden. Der heiße Dampf dringt in den Stoff und lässt ihn wieder glatt werden. Die Kleidungsstücke sollten Sie danach noch einige Zeit in frischer Luft trocknen lassen. Bei feuchtem Wetter können Sie die Kleider auch an das geöffnete Fenster hängen.

■ Whisky: die beste Medizin

Whisky hilft gegen Bakterien! Reisenden wird ein täglicher Schluck aus der Flasche empfohlen, um etwaigen Krankheiten oder Infektionen vorzubeugen.

■ Seife in den Koffer

Ehe Sie nach einer Reise Ihren Koffer wieder wegräumen, legen Sie ein Stück gut riechende Seife oder ein Kräuterkissen hinein. So duftet er beim nächsten Gebrauch.

■ Wichtiges im Handgepäck

Es kann vorkommen, dass Ihr Koffer später als Sie am Urlaubsort ankommt oder gar verloren geht; daher sollten Sie wichtige Toilettenartikel, Zweitbrillen oder Kontaktlinsen, Medikamente, Ersatzunterwäsche usw. im Handgebäck unterbringen.

■ Leichtes Necessaire

Ihr Reisenecessaire wiegt wesentlich weniger, wenn Sie Cremes, Abschminkmittel, Gesichtswasser oder Make-up in kleine Probedöschen oder -fläschchen umfüllen.

Kosmetik

Zwiebel desinfiziert

Nützen Sie bei fetter, zu Akne neigender Haut die stark desinfizierenden Eigenschaften von Zwiebel. Wirkungsvoll ist folgende Packung: Vermischen Sie eine geriebene Zwiebel oder Zwiebelsaft mit Hafermehl und einem Teelöffel Honig und streichen Sie die breiige Masse auf das Gesicht und sonstige Stellen, die von Hautunreinheiten betroffen sind. Nach 20 Minuten abwaschen. Vorsicht: Zwiebel brennt an offenen Stellen.

Wirksam gegen Hornhaut

Eine über Nacht aufgebundene Zwiebelscheibe weicht die Hornhaut auf den Füßen auf, so dass sie sich am nächsten Tag leicht ablösen lässt. Auch das Eincremen mit Ringelblumensalbe ist wirksam.

Knoblauch auf Wunden

Besondere Wirksamkeit haben die antibiotischen Eigenschaften des Knoblauchs auf Wunden. Mit Knoblauchsaft regelmäßig betupfte eitrige, entzündete Hautpusteln heilen rasch ab.

Kieselerde gegen Pickel

Kieselerde heilt die Haut von innen. Einen Monat lang täglich dreimal einen Teelöffel davon in ein Glas Wasser geben und langsam schluckweise trinken. Danach haben Sie bestimmt eine gesündere, reinere Haut. Man sagt der Kieselerde auch eine haarwuchsfördernde Wirkung nach.

Raue Ellenbogen

Hässliche raue Stellen an den Ellenbogen glätten sich, wenn Sie diese mit einer Mischung aus Zitronensaft und gleicher Menge Glyzerin bestreichen.

Erweiterte Äderchen

Wer zu erweiterten roten Äderchen auf Wangen oder Nase neigt, sollte kühle Extrakte aus Kamille oder Salbei auflegen. Das beruhigt die Haut. Auch gehören Zitronen täglich auf Ihren Speiseplan. Der Begleitstoff des Vitamin C, das Vitamin P (Rutin), hat den notwendigen, Gefäß abdichtenden Effekt. Vorsicht: Magenempfindliche dürfen Zitronensaft nicht pur trinken.

Schönheitstrunk

Dieser altbewährte Schönheitstrunk hält Ihre Haut frisch und makellos: Trinken Sie jeden Morgen auf nüchternen Magen ein großes Glas abgestandenes Wasser mit dem Saft einer halben Zitrone. Auch Hautunreinheiten bessern sich nach dreiwöchiger Trinkkur.

Avocadoöl für die Augen

Augencremen enthalten oft Stoffe, die die dünne Haut quellen lassen und Fältchen vorübergehend scheinbar zum Verschwinden bringen. Die Folge sind oft um so stärkere Falten. Ein verträgliches und straffendes Mittel hingegen ist Avocadoöl. Klopfen Sie es zart in die Haut um die Augen, und wischen Sie nach einigen Minuten den Überschuss weg. Regelmäßig verwendet, mildert das Öl auch starke Krähenfüße.

Öl macht Haut geschmeidig

So machen Sie die Haut Ihres Körpers zart und geschmeidig: Cremen Sie sich gründlich mit Maiskeim-, Oliven- oder Weizenkeimöl ein, steigen Sie ins heiße Bad und bleiben etwa Viertelstunde darinnen. Nicht mit Seife abwaschen!

Banane gegen schlaffe Haut

Mit einem Bananenwickel kann man gegen einen faltigen Hals kämpfen: Man zerdrückt eine überreife Banane, rührt Mandelöl dazu und streicht diesen Brei dick auf den Hals. Darüber legt man eine feuchtheiße Kompresse. Je länger die Einwirkungszeit, desto größer der Erfolg (circa eine Stunde).

Pflegende Milch

Pflegen und verwöhnen Sie Ihre Haut, indem Sie Milch oder Joghurt zum Badewasser mischen. Eine gute Gelegenheit, Milch mit Stich oder nicht mehr frisches Joghurt nutzbringend zu verwenden.

Buttermilch reinigt

Seife zerstört den Säureschutzmantel Ihrer Haut. Wenn Sie Ihr Gesicht mit Buttermilch reinigen, bleibt dieser durch ihren hohen Säuregehalt erhalten, die Milchfermente speichern die Feuchtigkeit in der Haut, und sie wird außerdem schonend und gründlich gereinigt. Damit ersparen Sie sich den Kauf einer teuren Reinigungsmilch.

■ Milch erfrischt

Wann immer sich die Gelegenheit ergibt, tupfen Sie sich Reste süßer Milch mit einem Wattebausch auf die Gesichtshaut. Nach einiger Zeit abspülen. Die Haut fühlt sich merkbar frischer und straffer an.

■ Honig hemmt Entzündungen

Biologischer Honig enthält neben seinen wertvollen Vitaminen auch ein entzündungshemmendes Ferment (Inhibin). Honigauflagen beschleunigen die Heilung von Wunden und verhindern Eiterungen. Diese Wirkung lässt sich bei Akne oder Hautunreinheiten ausnützen. Gesichtsmasken oder Nachtcremen kann man immer ein Tröpfchen Honig beigeben. Aber Vorsicht: Die in ihm enthaltene Ameisensäure kann bei überempfindlicher Haut eine Rötung hervorrufen, die jedoch nach kurzer Zeit verschwindet.

■ Maske aus Topfen *(Quark)* und Honig

Diese Maske macht die Haut straff, rosig und glatt: Lösen Sie 1 Esslöffel Honig in 2 Esslöffel warmem Wasser auf und verrühren dies mit einem halben Päckchen Magertopfen. Den Brei tragen Sie reichlich auf Gesicht, Hals und Dekolleté auf. 20 Minuten einwirken lassen, dann mit einem Löffel abschaben und den Rest mit ausreichend lauwarmem Wasser abwaschen.

■ Honig ins Badewasser

1 bis 2 Esslöffel Honig ins Badewasser macht die Haut samtig und erspart Ihnen nachher das Eincremen.

■ Karotten: ein Schönheitshit

Für die Haut ist der Genuss von Karotten wichtig. Das Karotin wandelt sich in der Darmschleimhaut zu Vitamin A um und wirkt so der Verhornung der Haut entgegen. Das ebenfalls in der Karotte enthaltene Vitamin P verengt erweiterte Äderchen. Tupfen Sie reinen Karottensaft auf die Haut, und spülen Sie ihn nach beliebiger Zeit ab.

■ Peeling mit Weizenkleie

Ganz ausgezeichnet eignet sich Weizenkleie als Mittel zum Peeling. Wenn Sie Ihre Haut einmal wöchentlich damit abrubbeln, wird Ihre Haut sichtbar glatter, weil die oberste verhornte Schicht schonend abgetragen wird.

■ Gleichmäßig bräunen

Ein Körperpeeling vor dem Sonnenbad oder Benutzung von künstlicher Sonne und Selbstbräunern ist wichtig. Wenn die Haut von den Hornschuppen befreit ist, wird sie viel gleichmäßiger braun.

■ Kein Parfum in der Sonne

Sprühen Sie sich niemals Parfum auf die Haut, wenn Sie ein Sonnenbad nehmen. Es können sich durch das in den meisten Parfums enthaltene Bergamottöl hässliche dunkle Pigmentflecken bilden, die Sie nie mehr wegbekommen.

■ Bräune von außen

Nähren Sie Ihre gebräunte Haut von außen, indem Sie sie mit frischer Milch oder Karottensaft pflegen. Es verlängert das Braunsein auf natürliche Weise.

■ Bräune von innen

Es gibt Nahrungsmittel, die den Wirkstoff Psoralen enthalten und daher bräunungsfördernd sind. Dazu gehören Feigen, Birnen, Karotten und Sellerie. Meist reicht es, wenn man diese Nahrungsmittel eine Zeitlang bevorzugt isst – dann hat man eine gesunde Bräune. Die Haut ist dann auch nicht so sonnenempfindlich.

■ 1/2 Stunde vor dem Sonnen eincremen

Tragen Sie Ihr Sonnenschutzmittel ca. eine halbe Stunde vor dem Sonnenbaden auf. Nur so können sich die Schutzsubstanzen entfalten.

■ Altersflecken verhindern

Man kann das Auftreten von Altersflecken verhindern, indem man die Haut konsequent vor der Sonne schützt. Wenn Sie auf Sonnenbäder dennoch nicht verzichten wollen, sollten Sie speziell auf Handrücken, Gesicht und Dekolleté den höchsten Sonnenschutzfaktor verwenden.

■ Gurke macht Poren klein

Die Gurke hat eine zusammenziehende Wirkung auf die Poren. Ein einfaches Rezept: Legen Sie sich einige Minuten lang Gurkenscheiben auf das Gesicht. Da die Vitamine unter der Schale am reichsten sind, ist die Innenseite der Schalen genauso wirksam. Gurkensaft macht auch raue Hände wieder weich und bleicht Pigmentflecken und Sommersprossen.

■ Eischnee auf faltigen Hals

Als straffende Packung: frisch geschlagenes Eiweiß mit Zitronensaft auf die faltige Hals- und schlaffe Kinnpartie streichen. Nach 30 Minuten abwaschen und eincremen, dabei die Streichrichtung beachten: vom Kinn zum Brustansatz.

■ Dotter-Öl-Zitronensaft glättet Falten

Verrühren Sie einen Dotter mit 1 Teelöffel Olivenöl und 3 Tropfen Zitronensaft. Streichen Sie diese Masse vorsichtig auf Augenpartie (nicht zu knapp ans Auge) und andere faltengefährdete Gesichtsstellen. Diese Packung sollten Sie mehrmals wöchentlich anwenden, dann glätten sich auch tiefere Falten.

■ Apfel gegen faltige Haut

Das Pektin im Apfel, das die Feuchtigkeitsaufnahme der Haut steigert, ist eine Wohltat bei trockener, reifer und faltiger Haut. Legen Sie geriebene Äpfel auf Gesicht und Hals (binden Sie eventuell mit einem Löffel Hafermehl oder bei allergischen Reaktionen mit Magertopfen), lassen Sie die Haut den Saft aufsaugen, nach 30 Minuten abspülen. Werfen Sie auch die Apfelschalen nicht weg, sondern reiben Sie die Haut mit der Innenseite sanft ab.

Apfelessig entschlackt

Die wertvollen Wirkstoffe des (ungespritzten!) Apfels bleiben im Essig voll erhalten. Trinken Sie täglich am Morgen ein Glas Wasser mit 2 Esslöffel biologischem Apfelessig (und eventuell 1 Esslöffel Honig), das regt den Stoffwechsel an und entschlackt den Körper.

Essig als Gesichtswasser

1 Löffel Apfelessig auf 1 Glas Wasser eignet sich hervorragend als Gesichtswasser vor allem für fettige, großporige Haut.

Essig beruhigt

Eine Tasse Essig ins Badewasser kräftigt den Säuremantel der Haut, macht das Wasser weich und beruhigt die Nerven.

Schöner Teint mit Erdäpfel *(Kartoffeln)*

Bei normaler bis fettiger Haut werden Sie staunen, wie schön Ihr Teint wird, wenn Sie rohe Erdäpfelscheiben (nur frische verwenden!) 20 Minuten auf das Gesicht legen. Legen Sie ein feuchtes Tuch darüber, damit die Scheiben nicht davonrutschen. Anschließend mit Wasser nachspülen.

Lange Wimpern

Wimpern werden länger und geschmeidiger, wenn man sie jeden Abend vor dem Schlafengehen mit Rizinusöl bürstet.

Geschwollene Augenlider

Neigen Sie zu geschwollenen Augenlidern? Hier helfen kalte Kamillenumschläge oder mit verdünntem Joghurt getränkte Wattebausche auf die Augen gelegt.

Kompressen auf die Tränensäcke

Wenn sich in das lockere Bindegewebe unter den Augen Wasser eingelagert hat, helfen meist Kompressen mit Kamillen- oder Schwarzteebeuteln. Schlafen Sie nicht ganz flach, sondern leicht erhöht.

Rosenblätter für die Haut

Übergießen Sie eine Handvoll ungespritzter Rosenblätter mit 1 l kochendem Wasser, lassen Sie diese Mischung 1 Stunde ziehen, und seihen Sie sie dann ab. Dieses Wässerchen hat eine straffende Wirkung auf die Haut. Im Kühlschrank aufbewahren.

Spröde Lippen

Leiden Sie unter trockenen und spröden Lippen? Dann cremen Sie sie mit Butter ein und massieren sie einige Minuten mit einer weichen Zahnbürste. Das durchblutet die Lippen und macht sie wieder weicher.

Schöner Mund

Wann immer Sie Ihr Gesicht mit einer Pflegecreme behandeln, vergessen Sie die Lippen nicht! Ab und zu können Sie auch Honig auf die Lippen auftragen und etwa 10 Minuten einwirken lassen.

Fettige Haut duftet länger

Auf fettiger Haut hält Parfumduft viel länger. Deshalb sollten Sie nach dem Baden eine fetthaltige Körpercreme verwenden und dann das Parfum auftupfen. Die wirkungsvollsten Stellen: an den Handgelenken, hinter den Ohren und in den Arm- und Kniebeugen.

Schaumbad-Ersatz

Haben Sie einmal kein Schaumbad zu Hause, so können Sie selbst eine Ersatzmixtur zusammenstellen: 1 Schale kaltgepresstes Öl, 2 Esslöffel Haarshampoo und ein Spritzer Parfum.

*

■ Augenbrauen verjüngen

Zupfen Sie Ihre Augenbrauen in etwas größerem Bogen aus. Je größer der Abstand zwischen Brauen und Augen, umso offener und jünger der Gesichtsausdruck.

■ Dunkelroter Lippenstift

Dunkelroter Lippenstift macht älter und verschmälert optisch Ihre Lippen. Je heller der Lippenstift, umso voller wirken die Lippen und umso jünger Ihr Aussehen.

■ Wimperntusche eingetrocknet

Ist Ihre Wimperntusche eingetrocknet, dann lassen Sie heißes Wasser einige Minuten über den verschlossenen Stift rinnen.

■ Spitze Stifte

Bevor man Konturen- und Augenbrauenstifte spitzt, sollte man sie einige Minuten ins Gefrierfach legen. Sie brechen dann nicht so leicht ab.

■ Puder aufhellen

Ist Ihnen Ihr Gesichtspuder zu dunkel, so mischen Sie es mit Stärkemehl. Dann erhalten Sie je nach Menge der Beigabe einen helleren Farbton.

■ Make-up-Entferner

Pflanzenfett wie z. B. Margarine ist ein wirkungsvoller und auch billiger Make-up-Entferner. Auftragen und mit Papiertüchern abwischen.

■ Lippenstift reparieren

Erhitzen Sie einen abgebrochenen Lippenstift über einer Flamme, pressen Sie die beiden angeschmolzenen Teile aufeinander und lassen Sie den Stift im Kühlschrank wieder hart werden.

■ Haare entfernen

Wenn Sie Haare unter den Achseln mit der Klinge entfernen wollen, verwenden Sie nicht Rasierschaum, sondern eine dicke Schicht Fettcreme. So verhindern Sie, dass sich an der zarten Haut Wimmerln und gerötete Stellen bilden.

*

Raue Hände

Nach jedem Händewaschen sollte die Haut mit einer Fettcreme behandelt werden. Zusätzlich wäre öfter ein Ölbad zu empfehlen. Dazu erwärmt man $^{1}/_{8}$ l Olivenöl und badet die Hände 20 Minuten darin. Auch Erdäpfelpüree oder warmes Kartoffelwasser ist Balsam für raue Hände.

Kalte Hände

Kalte Hände weisen auf eine gestörte Durchblutung hin. Erster Schritt zur Besserung: man befreit die Finger von enganliegenden Ringen. Auch in Handschuhen sollte den Fingern genügend Bewegungsfreiheit gegönnt werden.

Feuchte Hände

Bewährte Hausmittel gegen feuchte Hände sind: Bäder in kaltem Essigwasser, in Salbei- oder Thymiantee, in Eichenrindenabsud oder Handpackungen mit essigsaurer Tonerde.

Feste Nägel

Legen Sie sich eine ausgepresste Zitronenschale an den Rand des Waschbeckens. Wann immer Sie daran denken, reiben Sie die Nägel damit ein. Der Erfolg sind schöne, feste Nägel.

Brüchige Nägel

Wenn Ihre Nägel brüchig sind, sollten Sie diese so oft wie möglich mit einer aufgeschnittenen Zwiebelhälfte einreiben.

Nägel lackieren

Wenn Sie vor dem Lackieren die Nägel mit Zitronensaft abreiben, hält der Nagellack länger. Keinesfalls sollten Sie den Lack mit einem Fön antrocknen, dann splittert er umso schneller ab.

Verklebte Flasche

Damit Ihr Nagellackfläschchen nicht verklebt, geben Sie einfach etwas Fettcreme oder Nagellackentferner auf das Gewinde der Flasche.

*

■ Eidotter zum Haarewaschen

Eidotter zur schonenden und pflegenden Haarreinigung: 2 Eidotter werden gut mit einem Gläschen Rum verrührt. Massieren Sie die Hälfte davon in die angefeuchteten Haare und lassen es 5 Minuten einwirken. Ausspülen und den Rest des Eishampoos einmassieren. Schwemmen Sie die Haare gründlich aus.

■ Haarspray und Festiger

Anstatt Haarspray und Festiger können Sie ins letzte Spülwasser den abgeseihten Saft einer Zitrone oder einen Schuss Obstessig geben. Das verleiht Ihrem Haar Griffigkeit und Glanz, sollte aber nur ab und zu durchgeführt werden, weil die Säure sonst das Haar zu sehr angreift.

■ Bier auf das Haar

Ein Gläschen Bier auf das gewaschene Haar ist ein natürlicher Festiger, den man meistens zu Hause hat.

■ Zitrone statt Balsam

Verwenden Sie nicht nach jeder Haarwäsche einen Balsam. Das Haar wird dadurch verweichlicht, verliert seine eigenständige Spannkraft, und nach regelmäßiger Anwendung über längere Zeit können Sie das Haar ohne Balsam gar nicht mehr entwirren. Besser, man macht zur Abwechslung saure Spülungen mit Zitronen- oder Essigwasser. Damit neutralisiert man den Haarboden und entfernt die Shampooreste.

■ Kampf gegen Schuppen

Häufige Kopfwäsche, also etwa jeden zweiten Tag, mit milden Haarshampoos sind zu empfehlen! Bei hartnäckigen Schuppen bewährt sich das Einmassieren des Haarbodens mit Thymiantee oder Brunnenkresse-Absud. Oftmaliges Bürsten der Haare regt die Talgdrüsen zu vermehrter Produktion an und löst gleichzeitig die Schuppen aus dem Haar. Jeder Haarwäsche sollte eine kalte Kopfdusche folgen. Sie durchblutet den zu trockenen Haarboden.

■ Fette Kopfhaut

Waschen Sie das Haar ein- bis zweimal wöchentlich mit Shampoos mit Schwefel, Ichthyol oder Salizylsäure. Das Einmassieren alkoholischer Haarwässer mit den eben genannten Substanzen desinfiziert und entfettet den Haarboden.

■ Eiklar gegen fettes Haar

Bekämpfen Sie die übermäßige Talgproduktion auf natürliche Weise: Vor der Kopfwäsche ein geschlagenes Eiklar, mit Zitronensaft vermischt, auf die Kopfhaut auftragen und 10 Minuten einwirken lassen.

■ Haarausfall durch Trockenshampoo

Trockenshampoos nehmen den fetten Talg auf und werden anschließend ausgebürstet. Einmal, zwischen zwei Haarwäschen verwendet, schadet nicht. Öfter hintereinander ist nicht ratsam, da die Puderreste auf der Kopfhaut eine Schicht bilden und keinen

Sauerstoff mehr durchlassen. Die Folgen sind Haarausfall oder Ekzeme. Waschen Sie also doch lieber öfter die Haare.

■ Brennessel gegen Haarausfall

Ein Kopfhaar lebt 3–5 Jahre. Der tägliche Verlust von ungefähr 60 Haaren ist normal. Haarausfall liegt vor, wenn mehr als 100 Haare pro Tag verlorengehen. Hier ein bewährtes Mittel: Man reibt einmal im Monat das befeuchtete Haar mit einem Gemisch aus einem Eidotter mit einem Likörgläschen Spiritus ein. Auch die Kopfmassage mit Zwiebelöl, Birkenwasser oder Hopfenhaarwasser, Spülungen mit Brennnesselabsud, mit Melisse und Klette versprechen zwar seit Urgroßmutters Zeiten erfolgreiche Hilfe gegen Haarausfall, dennoch sollte die Ursache von einem Arzt ergründet werden.

■ Schädliche Haarprozedur

Will man gesundes, schönes Haar haben, so sollte auf Färbemittel, heiße Lockenwickler, heiße Fönluft, Lockenstab, Sprays, Sonne, Höhensonne und scharfe Shampoos verzichtet werden.

■ Rhabarber für blondes Haar

Rhabarberwurzeln hellen blondes Haar noch intensiver auf als Kamille oder Zitronensaft. Man übergießt eine Handvoll Rhabarberwurzeln (erhältlich in Kräuterhandlungen oder Apotheken) mit einem viertel Liter Wasser, lässt es ziehen und seiht die Wurzeln an-

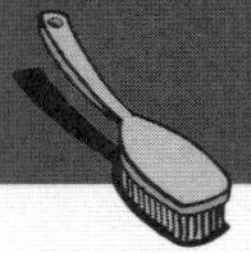

schließend ab. Mit dieser goldbraunen Flüssigkeit spült man nun das Haar.

■ Henna für Rothaarige

Henna wird mit Wasser (bei trockenem Haar kann man 1 Esslöffel Öl dazumischen) zu einem zähen Brei verrührt. Dieser wird in das vorgewaschene und gut frottierte Haar verteilt und gut durchgekämmt. Tragen Sie dabei unbedingt Gummihandschuhe, denn Henna färbt nicht nur Ihre Haare, sondern auch die Hände rot! Da für die Farbeinwirkung gleichmäßige Wärme wichtig ist, sollten Sie eine Plastikhaube aufsetzen.

■ Walnusssud für Brünette

Für die Verschönerung der braunen Haarfarbe eignet sich ein Absud aus Walnussschalen. Eine Handvoll Walnussschalen (aus der Apotheke) lässt man eine halbe Stunde in einem halben Liter Wasser sieden. Das gewaschene Haar wird nun mit diesem abgeseihten Extrakt gespült. Diese Farbspülung deckt auch ergrautes Haar bei regelmäßiger Anwendung.

■ Weißes Haar wird gelb

Damit weißes Haar nicht gelb wird, sollten Sie starke Hitzeeinwirkung (Sonne, heißes Fönen) vermeiden. Ist es aber einmal passiert, dann kann ein violetter Haarfestiger das Gelb neutralisieren.

Gesundheit

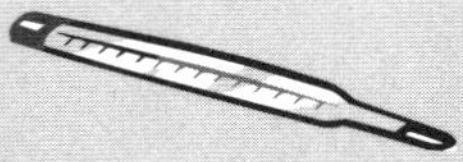

■ Essigwasser stärkt die Abwehr

Essigwasser-Waschungen regen nicht nur den Kreislauf an, sondern fördern auch den Hautstoffwechsel und stärken die Abwehrkraft. Ein Frottierhandtuch wird in eiskaltes Essigwasser getaucht und so gut ausgewunden, dass es nicht mehr tropft. Jetzt beginnen Sie den Körper ohne Druck oder Reibung abzuwaschen. Immer Richtung Herz streichen!

■ Kreislaufstörungen

Bei Kreislaufstörungen halten Sie beide Hände so unter das kalte Fließwasser, dass es auf jene Stelle prasselt, an der man den Puls misst. Auch ein kaltes Armbad bringt den Kreislauf wieder auf Trab.

■ Eiswürfel auf Wespenstich

Gegen den Schmerz von Bienen- und Wespenstichen hilft am besten ein Eiswürfel, den man auf die Einstichstelle legt. Auch ein befeuchteter Würfelzucker, eine rohe Kartoffel, eine Zwiebel- bzw. Tomatenscheibe oder ein mit Essig oder Salmiakgeist getränktes Tuch bringen sofort Linderung.

■ Zitrone auf Gelsenstich *(Mückenstich)*

Einen Gelsenstich sollte man mit Zitronensaft bestreichen. Das lindert den Juckreiz.

■ Leinsamen als Abführmittel

3 Esslöffel Leinsamen mit viel Flüssigkeit (1/2 l) eingenommen, bewähren sich als biologisches Abführmittel. Die darin enthaltenen Stoffe und das Leinöl wirken quellend

und regen daher die Darmeigenbewegungen an.

■ Lauwarmes Wasser zur Verdauung

Ein Glas lauwarmes Wasser (eventuell auch mit einem Teelöffel Essig) am Morgen, schluckweise getrunken, bringt Ihre Verdauung in Schwung. Auch Menschen, die unter hartem Stuhl leiden, sollten ausreichend Wasser trinken.

■ Ananas gegen Verstopfung

Vor jeder Mahlzeit eine Scheibe frische Ananas beseitigt selbst hartnäckige Verstopfung. Frische Ananas gilt auch als schweiß- und harntreibend, aber auch als fiebersenkend. Patienten mit Mangel an Magensaft bessern ihren Zustand durch frischen Ananassaft.

■ Wundermittel Knoblauch

Um die körperliche und geistige Aktivität lange zu erhalten, sollte man viel Knoblauch essen. Die Blutzirkulation wird erleichtert und Arterienverkalkung verhindert. Gleichzeitig desinfiziert man mit Knoblauch den Magen-Darm-Trakt und die Atemwege. In Grippezeiten mehrmals täglich zerdrückten Knoblauch einatmen.

■ Rote Rüben *(Rote Bete)* gegen zuviel Harnsäure

Um Ihre Widerstandskraft zu stärken, sollten Sie täglich einen viertel Liter Rote-Rüben-Saft trinken. Rote Rüben fördern die Verdauung, entwässern den Körper und sorgen dafür, dass zuviel Harnsäure, die Gicht und

Rheuma verursachen kann, ausgeschieden wird. Dieses Gemüse enthält einen pflanzlichen Farbstoff, der das Blut verbessert, der rote Blutkörperchen bilden hilft und dadurch die Zellatmung aktiviert.

■ Jungbrunnen: Kresse

Kresse enthält mehr Eisen als andere Gemüse und hält daher fit, vital und spannkräftig. Außerdem regt sie den Gallenfluss an und fördert die Verdauung.

■ Paprikapulver desinfiziert

Das Paprikapulver wirkt auf die Mundhöhlen- und Magenschleimhaut desinfizierend.

■ Schöllkraut gegen Warzen

Das Schöllkraut, im Volksmund auch Warzenkraut genannt, wächst als Unkraut auf unseren Wiesen und ist sehr giftig (bitte nur äußerlich anwenden!). Tupfen Sie den orangegelben, dicklichen Saft aus dem Stengel täglich auf die Warze. Erschrecken Sie nicht, wenn sich diese nach 2 Tagen braunschwarz färbt. Nach 3 bis 4 Wochen sollte die Warze weg sein.

■ Zitronenöl auf Warzen

Warzen können Sie auch täglich mit Zitronenöl betupfen. Zur Nachbehandlung sollten Sie dann die Stellen mit Weizenkeimöl einreiben.

■ Blutende Schnittwunden

Halten Sie kleine blutende Schnitt- und Schürfwunden unter fließendes kaltes Wasser. Das Wasser verlangsamt die Blutung und reinigt die Wunde. Sollte die Blutung anhalten, so sollten Sie einen Druckverband anlegen.

■ Nasenbluten stoppen

Bei Nasenbluten sollten Sie durch den Mund atmen, die Nasenflügel zusammendrücken und sich nach vorne beugen, damit sich ein Wundverschluss bilden kann. Bei geringer Blutung: Kopf zurücklegen und ein nasses Tuch in den Nacken legen.

■ Kälte bei Zerrungen

Frische Zerrungen, Einrisse oder Quetschungen müssen zuallererst einmal kalt behandelt werden. Legen Sie also gleich Eiswürfel oder einen kalten Umschlag auf die verletzte Stelle. Denn nahezu jeder Gewebeschaden geht mit Bluterguss einher. Blut im Gewebe aber behindert den Heilungsverlauf.

■ Nesselquallen-Verletzung

Wenn Sie im Meer von einer Nesselqualle gestreift wurden, schütten Sie Essig auf die Stelle, um das Gift zu neutralisieren.

■ Joghurt schützt vor Pilzinfektion

Joghurt hilft vor allem bei vaginalen Pilzinfektionen. Frauen, die täglich ein Joghurt zu sich nehmen, haben dreimal weniger Pilzinfektionen als Nicht-Joghurt-Esserinnen. Allerdings nützt nur fettarmes Joghurt ohne Zucker (z. B. Bifidus, Kefir).

■ Salbei heilt Entzündungen

Salbei wirkt blutreinigend. Übermäßiger Schleim der Atmungsorgane und des Magens wird mit Salbeitee gelöst. Bekannt auch seine entzündungshemmende Kraft: Bei Katarrhen der Atemwege, bei Mandelentzündungen ist Salbeitee ein ausgezeichnetes Gurgelwasser.

■ Salbei bei Zahnfleischbluten

Bei Zahnfleischbluten sollten Sie regelmäßig mit Salbeitee den Mund spülen. Sie können auch feuchte Salbei-Teebeutel auf das Zahnfleisch legen.

■ Topfen *(Quark)* tut Leber gut

Die Leber ist ein ganz wichtiges Entgiftungsorgan unseres Körpers. Zum Glück hat sie die Eigenschaft, schnell zu regenerieren, wenn Sie beispielsweise durch Alkohol oder Medikamente belastet ist. Dieser natürlichen Fähigkeit können Sie nachhelfen, indem Sie täglich eine Portion Topfen essen, der die Leber schnell wieder aufbaut.

■ Viel Wasser gegen Altern

Menschen über 45 Jahren sollten mindestens 2 l Wasser täglich trinken, um der physiologischen Austrocknung entgegenzuwirken, die durch den Alterungsprozess entsteht.

■ Fieber: Viel Flüssigkeit

Die wichtigste Maßnahme bei fieberhaften Erkrankungen ist, den Organismus durch viel Flüssigkeitszufuhr vor Austrocknung zu bewahren.

Erdäpfel entwässern

Zur Entwässerung und zur Senkung von Bluthochdruck sollten Sie oft salzfrei gekochte Erdäpfel essen. Das Kalium regt die Ausschwemmung von Schlackenstoffen an und entlastet den Kreislauf.

Erdäpfel *(Kartoffeln)* gegen Sodbrennen

Haben Sie zuviel Magensäure, dann sollten Sie täglich – am besten vor den Mahlzeiten – eine halbe Tasse rohen Erdäpfelsaft trinken. Dieser hilft auch gegen Sodbrennen. Meiden Sie starke Gewürze, Alkohol und Nikotin.

Püree lindert

Magenbeschwerden lassen sich durch ein einfaches Hausmittel lindern, nämlich durch milde Kartoffelsuppe oder frisches Erdäpfelpüree, das allerdings ohne Milch zubereitet werden muss.

Kalmus gegen Gastritis

Bei Gastritis (Magenschleimhautentzündung) sollten Sie vor jeder Mahlzeit eine Tasse Kalmustee trinken und Alkohol, Kaffee sowie Zigaretten streichen.

Verdorbener Magen?

Nützen Sie die Gelegenheit, und essen Sie einmal einen Tag lang nichts, höchstens Zwieback und Kamillentee. Legen Sie sich bei Magenschmerzen einen Thermophor auf, und kauen Sie einige Kümmelkörner oder Walnüsse.

Rettich für die Galle

Wenn Sie unter Störungen der Gallenblase leiden, sollten Sie Schwarzrettich-Saft (in Reformhäusern erhältlich) trinken. Bereiten Sie den Saft selbst: Bitte nicht stehen lassen, sondern immer frisch pressen.

Fenchel gegen Blähungen

Bei schmerzhaften Blähungen oder Verdauungsstörungen hilft warmer Fencheltee. Auf 1 Tasse Wasser kommt 1 Teelöffel Fenchelsamen. Samen (eventuell mit Kümmel gemischt) mit kaltem Wasser aufsetzen, zum Sieden bringen, kurz ziehen lassen, dann abseihen und schluckweise trinken.

Spargel entwässert

Spargel und Sellerie haben neben der Blutdruck senkenden vor allem eine entwässernde, entgiftende Wirkung. Nach reichlichem Spargelgenuss kann der Urin oft einen penetranten Geruch haben – keine Panik: Das ist nur ein Zeichen dafür, dass der Spargel die im Körper angesammelten Giftstoffe mit ausschwemmt.

Apfel gegen Mundgeruch

Wenn Sie öfter unter schlechtem Atem leiden, sollten Sie zwischen den Mahlzeiten viel Flüssigkeit trinken (keinen Alkohol!), ab und zu einen Apfel essen oder langsam eine Kaffeebohne zerkauen. Mundgeruch kommt oft aus dem Magen. Häufige Ursache: zuwenig Magensaft. Dann helfen magensekretsteigernde Mittel wie z. B. Wermuttee.

Essig gegen Schweißfüße

Wer unter Schweißfüßen zu leiden hat, sollte die Füße in Essigwasser waschen. Als altbewährte Hausmittel gelten auch Fußbäder in Eichenrinde- oder Efeuabsud. Die unerlässliche morgendliche und abendliche Fußwaschung wird mit einem kalten Wasserguss beendet. Wichtig: täglich frische Strümpfe und oftmaliges Schuhewechseln!

Mund verbrannt?

Wenn Sie sich beim Trinken einer heißen Flüssigkeit den Mund oder die Zunge verbrannt haben, dann sollten Sie schnell an einem Stückchen Butter schlecken oder langsam etwas Obers *(Sahne)* trinken. Das lindert den Schmerz.

Alkohol heilt Blasen

Auf Blasen an Händen oder Füßen sollte man über Nacht ein alkoholgetränktes Tuch binden. So heilen sie viel schneller ab.

Blasen verhindern

Mit Leukoplast, sehr straff auf jene Stellen geklebt, wo meist Blasen auftreten, können Sie diese verhindern.

So wirken Tabletten schneller

Tabletten wirken schneller, wenn man sie mit viel Wasser schluckt und sich dann etwa eine Viertelstunde auf die rechte Seite legt. Die Magenentleerung wird so beschleunigt, und das Medikament kann zur vollen Wirkung kommen.

Große Pillen schlucken

Große Tabletten rutschen problemlos, wenn Sie sie mit einem Stück Banane schlucken.

Zu viele Schmerztabletten

Schwere schmerzlindernde Medikamente können Nierenversagen, Dauerkopfschmerz und Magenbluten verursachen, wenn man zu viele davon einnimmt.

Bananen gegen Muskelkrampf

Bei einem plötzlich auftretenden Muskelkrampf sollten Sie viel Mineralwasser trinken. Wenn Sie darunter leiden, können Sie vorbeugend Bananen essen (wegen des hohen Magnesium- und Kaliumgehaltes wirken sie Krampf lösend).

Vollbad bei Muskelkater

Haben Sie Ihre Muskeln überanstrengt, dann hilft ein heißes Vollbad. Massieren Sie sich sanft, während Sie in der Wanne sitzen.

Eichenrinde hilft gegen Hämorrhoiden

Füllen Sie die Wanne bis zur Häfte mit warmem Wasser, und gießen Sie ca. 1 l Eichenrindentee dazu. Diese Sitzbäder lassen die Hämorrhoiden schrumpfen. Außerdem sollten Sie sich nur kalt und ohne Seifen waschen, auf Süßigkeiten und Alkohol verzichten, regelmäßig Knoblauchsaft trinken, nicht zu kalt und nicht zu heiß essen und auf regelmäßigen Stuhlgang achten.

Milch statt Schlafpulver

Wenn Sie schlecht einschlafen können, probieren Sie es abends mit einem Glas warmer Milch mit Honig oder auch einem Glas Bier.

■ Zwiebel bei Heiserkeit

Zerhackte, angewärmte Zwiebeln werden gegen Heiserkeit mit einem Tuch um den Hals gebunden. Salbeiblütentee bringt ebenfalls Linderung.

■ Sellerie macht potent

Frische Sellerie enthält ätherische Öle, die für eine bessere Durchblutung der Geschlechtsorgane sorgen. Trinken Sie also bei Problemen mit der Manneskraft täglich ein Glas Selleriesaft und essen Sie Mandeln, Haselnüsse, Honig, Hafer und Spargel. Bevorzugen Sie eiweißreiche Speisen (Fleisch, Fisch).

■ Schmerzhafte Hühneraugen

Unsere Großmütter haben sich Zwiebelscheiben, die sie vorher ein paar Stunden in Essig eingeweicht haben, über Nacht auf das Hühnerauge gebunden. Das haben sie so lange wiederholt, bis sich der Kern des Hühnerauges aus der Hornhaut löste. Mein Rat jedoch ist: Lassen Sie es von einem Fachmann entfernen!

■ Fußbad bei Erkältungen

Trinken Sie Lindenblütentee, und nehmen Sie ein ansteigendes Fußbad, in das Sie eine Handvoll Kochsalz streuen: Beine bis etwa zur Wadenmitte in körperwarmes Wasser und langsam heißes Wasser zulaufen lassen. Wenn Sie anfangen zu schwitzen, schnell ins Bett. Ziehen Sie über Nacht Baumwollsocken an.

■ **Topfenwickel *(Quarkwickel)* gegen Halsweh**

Gegen Halsweh hilft ein Topfenwickel: Geben Sie reichlich Topfen auf ein trockenes Leinen- oder Baumwolltuch und binden Sie dieses um den Hals.

■ **Holundertee ist schweißtreibend**

Bei Erkältungskrankheiten wird Holundertee wegen seiner schweißtreibenden Wirkung angewendet. Gewonnen wird er aus den getrockneten Blüten des schwarzen Holunderstrauches. Er gilt auch als Blut reinigend, Harn treibend und Krampf lösend.

■ **Starker Husten**

Gegen starken Husten sollten Sie einige Tassen Lindenblüten- oder Holundertee trinken und Hals und Brust mit Eukalyptus- und Thymianöl einreiben. Haben Sie diese Öle nicht im Haus, reicht auch eine Einreibung mit einfachem Schweineschmalz. Anschließend legt man ein heißes Tuch auf die Brust.

■ **Rettich als Hustenmittel**

Rettichsaft frisch ausgepresst und mit Honig gesüßt, gilt als schleim- und hustenkrampflösend.

■ **Schleimlösend**

Ein schleimlösendes Mittel ist der Saft einer Zitrone mit Honig gesüßt. Auch Tee aus frischem Moos hilft (erhältlich in Apotheken).

Abwehr stärken

Wenn Sie zu einem Grippekranken gehen, sollten Sie zwei Wacholderbeeren kauen. So stärken Sie Ihre Abwehrkräfte.

Heublumen gegen Rheuma

Reiben Sie schmerzende Stellen mit Brennnesselspiritus oder einer Salbe mit Bienengift ein. Ein altbewährtes Mittel gegen chronische Rheumabeschwerden ist auch das Auflegen von heißen, über Dunst erhitzten Heublumensäcken auf die betroffenen Körperstellen.

Bei Gicht kein Fleisch

Gichtkranke müssen Fleisch, Innereien, fetten Fisch, Karfiol *(Blumenkohl)*, Pilze, Spargel, Rindsuppe und Würfelsuppen meiden! Im Akutfall helfen heiße Salzwickel um die schmerzende Stelle. Auch Schafgarbenbäder sind wirkungsvoll. Trinken Sie außerdem viel puren Zitronensaft.

Traubensaft senkt Cholesterin

Roter Traubensaft enthält die Substanz »Resveratrol«, die den Cholesterinspiegel senkt und der Verklumpung von Blutzellen, die zu Arteriosklerose und Herzinfarkt führen können, entgegenwirkt.

Magnesium fürs Herz

Stress führt zu Mangel an Magnesium. Mangel an Magnesium wiederum führt zu Muskelschwäche, Nervosität, Herzrhythmusstörungen und fördert den Infarkt. Aus der Nahrung bekommt der Körper nicht mehr genug (besonders magnesiumreich: Vollkorn und grünes Blattgemüse), daher kann man mit Magnesiumpräparaten ergänzen.

■ Splitter herausziehen

Wenn man einen in den Finger gezogenen Splitter nicht sieht, betupft man die Stelle mit Jod. Der Splitter verdunkelt sich und ist leicht herauszuziehen.

■ Kater bekämpfen

Einem Kater nach durchfeierter Nacht rückt man mit einer Mischung aus einem halben Glas Wasser, vermischt mit einem Teelöffel Speisesoda und einer ausgepressten Zitrone zu Leibe.

■ Kaffeebohnen zum Alkohol

Einen Schwips können Sie verhindern, wenn Sie während des (nicht allzu exzessiven!) Alkoholgenusses halbstündlich 3 bis 4 Kaffeebohnen gut zerkauen. Schaffen Sie sich außerdem durch ein üppiges Essen eine ordentliche Grundlage.

■ Espresso mit Zitronensaft bei Kopfweh

Bei Kopfschmerzen nach einer durchzechten Nacht sollten Sie eine Tasse Espresso, ohne Zucker und ohne Milch, aber mit zwei Kaffeelöffeln Zitronensaft trinken.

■ Verbrennung: Kaltes Wasser

Als Erste-Hilfe-Maßnahme soll die leicht verbrannte Stelle unter kaltes Leitungswasser gehalten werden. Es lindert den Schmerz und verhindert die Blasenbildung. Auch ein roher, geriebener Erdapfel wirkt abschwellend und heilend.

■ Verätzungen

Wichtigstes Gebot: Die verätzte Körperstelle muss mit viel Wasser berieselt werden. Dadurch verhindern Sie, dass die Verätzung in tiefere Hautschichten eindringt.

■ Topfen *(Quark)* gegen Sonnenbrand

Einen schmerzhaften Sonnenbrand bekämpft man mit Topfen (eventuell mit saurer Milch verdünnt) oder Joghurt. Diese alten Hausmittel, dick auf die verbrannten Stellen aufgetragen, wirken kühlend und verhindern die Bläschenbildung. Sie können auch verdünnten Zitronensaft oder in Essig getränkte Tücher auflegen.

■ Zitrone auf rote Nase

Eine von der Sonne gerötete Nase reiben Sie abends mit einer frischen Zitrone ein und lassen den Saft über Nacht einwirken.

■ Ingwer gegen Reisekrankheit

Unbeschwerten Urlaubsreisen steht jetzt nichts mehr im Wege. Egal ob per Schiff, Autobus oder Flugzeug: Ingwer (erhältlich in Apotheken) ist ein wirksames Mittel gegen Reisekrankheit.

■ Karies-Cocktail

Viele Eltern verabreichen ihren Kleinen immer noch einen wahren Karies-Cocktail im Babyfläschen. Gezuckerte Tees und süße Limonaden mögen den Säugling vielleicht eine

Zeit lang ruhig stellen. Für die Zähne sind sie eine Katastrophe. Es können nicht nur die Milchzähne zerstört werden, sondern auch Schädigungen der Kieferknochen auftreten.

■ Gewürznelken bei Zahnweh

Wenn das Zahnfleisch entzündet ist oder ein Zahn schmerzt, hilft das Kauen von Gewürznelken. Diese enthalten ätherische Öle, die entzündungshemmend und schmerzlindernd wirken.

■ Zahnseide für die Zwischenräume

Zähneputzen allein reicht nicht. Jeden zweiten Tag sollten Sie die zwischen den Zähnen sitzenden Beläge mit Zahnseide entfernen.

■ Augentropfen halten nur 4 Wochen

Ist eine Augentropfenflasche einmal geöffnet, darf sie maximal 4 Wochen verwendet werden (wenn auf der Packung nicht anders vermerkt). Es drohen sonst Infektionen an den Augen durch Bakterien, die nach dem Öffnen der Flasche unvermeidlich hineingeraten. Nasen und Ohrentropfen halten sich etwas länger.

■ Fußpilz im Badeschuh

Plastikschlapfen im Schwimmbad zur Vorbeugung gegen Fußpilz können genau das Gegenteil bewirken. Die Schaumstoffsohlen saugen sich mit Keimen regelrecht voll. Wirksam sind Fußwaschungen mit Seife oder ein Pilz abtötendes Puder.

Pflaster entfernen

Wenn Sie auf ein Pflaster einige Tropfen Öl streichen und ein paar Minuten einwirken lassen, lässt sich dieses völlig schmerzlos entfernen.